Vaqueiros e Cantadores
Para Jovens

Luís da Câmara Cascudo

Vaqueiros e Cantadores

Para Jovens

Ilustrações de
Jô Oliveira

© Anna Maria Cascudo Barreto e
Fernando Luís da Câmara Cascudo, 2009
1ª Edição, Global Editora, São Paulo 2010
1ª Reimpressão, 2015

Jefferson L. Alves – diretor editorial
Cecilia Reggiani Lopes – seleção e edição
Flávio Samuel – gerente de produção
Dida Bessana – coordenadora editorial
Alessandra Biral – assistente editorial
Iara Arakaki – revisão
Jô Oliveira – ilustrações
Eduardo Okuno – capa
Antonio Silvio Lopes – editoração eletrônica

Obra atualizada conforme o
NOVO ACORDO ORTOGRÁFICO DA LÍNGUA PORTUGUESA

CIP-BRASIL. CATALOGAÇÃO NA PUBLICAÇÃO
SINDICATO NACIONAL DOS EDITORES DE LIVROS, RJ

Cascudo, Luís da Câmara, 1898-1986.
Vaqueiros e cantadores para jovens / Luís da Câmara Cascudo; ilustrações de Jô Oliveira. – 1. ed. – São Paulo: Global, 2010.

Bibliografia.
ISBN 978-85-260-1460-2

1. Canções folclóricas brasileiras – Região Nordeste.
2. Poesia popular brasileira – Região Nordeste. I. Oliveira, Jô. II. Título.

10-00381   CDD-398.209812

Índices para catálogo sistemático:

1. Nordeste : Brasil : Cantos populares : Folclore   398.209812
2. Nordeste : Brasil : Poesia popular : Folclore   398.209812

Direitos Reservados

global editora e distribuidora ltda.
Rua Pirapitingui, 111 – Liberdade
CEP 01508-020 – São Paulo – SP
Tel.: (11) 3277-7999 – Fax: (11) 3277-8141
e-mail: global@globaleditora.com.br
www.globaleditora.com.br

Colabore com a produção científica e cultural.
Proibida a reprodução total ou parcial desta obra sem a autorização do editor.

Nº de Catálogo: **2177**

Valentes e orgulhosos

Luiz da Câmara Cascudo dedicou grande parte de sua vida ao registro e à divulgação da cultura popular. Sem sua observação participante, seu sentido de poético, sua honestidade ao tratar as expressões do povo, uma parte preciosa da História do Brasil teria se perdido.

No prefácio de *Vaqueiros e cantadores*, em 1937, o autor conta sobre o seu trabalho:

> *Em parte alguma dos meus depoimentos de testemunha a imaginação supriu a existência do detalhe pitoresco. O material foi colhido diretamente na memória duma infância sertaneja, despreocupada e livre. Os livros, opúsculos, manuscritos, confidências, o que mais se passou posteriormente, vieram reforçar, retocando o "instantâneo" que meus olhos meninos haviam fixado outrora. É o que fielmente se continha em minha alma. Dou fé.*
>
> *Vivi no sertão típico, agora desaparecido. A luz elétrica não aparecera. O gramofone era um deslumbramento. O velho João de Holanda, de Caiana, perto de Augusto Severo, ajoelhou-se no meio da estrada e confessou, aos berros, todos os pecados quando avistou, ao sol se pôr, o primeiro automóvel...*
>
> *O algodão não matara os roçados e a gadaria se espalhava nos descampados, reunida para as apartações nas vaquejadas álacres. A culinária se mantinha fiel ao século XVIII. A indumentária lembrava um museu retrospectivo. As orações fortes, os hábitos sociais, as festas da tradição, as conversas, as superstições, tudo era o Passado inarredável, completo, no presente. Vivi essa vida durante anos e anos e evocá-la é apenas lembrar minha meninice. Dezenas de vezes voltei ao sertão de quatro Estados e nunca deixei de registar fatos, versos, "causos".*

A obra de Câmara Cascudo é uma fonte aparentemente inesgotável para quem quer conhecer e escrever sobre as formas de expressão do povo brasileiro. Muitos beberam nessa fonte, e nem sempre explicitam o fato.

Esta coletânea pretende tornar mais acessível a imensa riqueza cultural de nosso povo, às vezes meio escondida pela fidelidade do autor às fontes e ao registro antropológico. Selecionamos o poético, o literário, a expressão pessoal do autor e reduzimos as referências eruditas.

O sinal [...] significa o início de um novo trecho selecionado e que há um trecho anterior não reproduzido. Em todo o final de capítulo, a citação das páginas da obra original em que se encontram os trechos selecionados permite conhecer as fontes com mais detalhes, e ter uma visão mais ampla do tema tratado.

A você, leitor, desejamos uma boa viagem pelo Brasil profundo e saboroso de Câmara Cascudo.

Os editores

Sumário

Ciclo do gado..9

Vaquejadas e apartações.............................10

"Gesta" de animais...23

Ciclo social..41

O Padre Cícero..42

Louvor e deslouvor das damas.................60

O cangaceiro...66

O cantador e a cantoria..............................75

O cantador...76

Louvação..82

A cantoria..87

O desafio...93

Antecedentes...102

Os instrumentos...105

Canto e acompanhamento.......................112

Os temas...113

Convite e apresentação.............................120

Perguntas e respostas.................................130

Biografias...143

Bibliografia..144

Ciclo do gado

Vaquejadas e apartações

Nenhuma festa tinha as finalidades práticas das "apartações" do Nordeste. Criado em comum nos campos indivisos, o gado, em junho, sendo o inverno cedo, era tocado para grandes currais, escolhendo-se a fazenda maior e de mais espaçoso pátio de toda ribeira.

Dezenas e dezenas de vaqueiros passavam semanas reunindo a gadaria esparsa pelas serras e tabuleiros, com episódios empolgantes de correrias vertiginosas.

Era também a hora dos negócios. Comprava-se, vendia-se, trocava-se. Guardadas as reses, separava-se um certo número para a "vaquejada". Puxar gado, correr ao boi, eram sinônimos.

A "apartação" consistia na identificação do gado de cada patrão dos vaqueiros presentes. Marcados pelo "ferro" na anca, o "sinal" recortado na orelha, a "letra" da ribeira, o animal era reconhecido e entregue ao vaqueiro.

A reunião de tantos homens, ausência de divertimentos, a distância vencida, tudo concorria para aproveitar-se o momento. Era um jantar sem fim, farto e pesado, bebidas de vinho tinto e genebra, aguardente e "cachimbo" (aguardente com mel de abelha).

Antes, pela manhã e mais habitualmente à tarde, corria-se o gado.

Vacas, bezerros, bois velhos, eram afastados. Só os touros, novilhos e bois de era mereciam as honras do "folguedo". Alguns homens, dentro do curral onde os touros e novilhos se agitavam, inquietos e famintos, tangiam, com grandes brados, um animal para fora da porteira.

Arrancava este como um foguetão. Um par de vaqueiros corria, lado a lado. Um seria o "esteira" para manter o bicho numa determinada direção. O outro derrubaria. Os cavalos de campo, afeitos à luta, seguiam como sombras, arfando, numa obstinação de cães de caça. Aproximando-

-se do animal em disparada, o vaqueiro apanha-lhe a cauda (bassôra) envolve-a na mão, e puxa, num puxão brusco e forte, é a *mucica*.

Desequilibrado, o touro cai, virando para o ar as pernas, entre poeira e aclamações dos assistentes. Se o animal rebola no solo, patas para cima, diz-se que o *mocotó passou*. É um título de vitória integral.

Palmas, vivas, e corre-se outro bicho. Quando não conseguem atingir o touro espavorido pela gritaria, dizem que o vaqueiro *botou no mato*. E é caso de vaia...

Ao pôr do sol, acabava-se. O jantar mantinha-os em jovialidade, narrando façanha, revelando derrotas alheias. Indispensavelmente havia um ou dois cantadores para "divertir".

O cantador, analfabeto quase sempre, recordava outras apartações, outras vaquejadas famosas, ressuscitando nomes de vaqueiros célebres, de cavalos glorificados pela valentia. Cantava-se a desafio até madrugada. Pela manhã, ao lento passo da boiada, os vaqueiros se dispersavam, aboiando...

Falta apenas saber-se de onde nos veio o hábito de derrubar o boi puxando-o pela cauda. Não me foi possível deparar com exemplo nos livros de viajantes antigos. [...]

Nos versos do Boi Pintadinho ("Cancioneiro do Nordeste", p. 224):

1

O cabra partiu a mim,
Porém veio de meia esgueia,
Desviou-se da cabeça
Pressionou-me na sarneia.

2

Eu com a dor do ferrão,
A ele me encostei:
De debaixo de suas pernas,
O cavalo lhe matei.

Do "Rabicho da Geralda", versos de 1792:

Antes que de lá saísse
Amolou o seu ferrão;
Onde encontrar o Rabicho
Dum tope o boto no chão.

Da "Vaca do Burel":

> Senão podem botar no chão,
> Eu meto a minha aguilhada.

Do "Boi Espácio":

> Lá vem seu Antônio do Monte
> Com sua lança na mão,
> Rendam armas, camaradas,
> Vamos botar o boi no chão!...

Não há "apartação" sem vaquejada mas são atos diversos. Vaquejar, na acepção legítima, é apenas procurar o gado para levá-lo ao curral. Hoje a apartação rareia. Todo sertão está sendo cercado. A pecuária possui métodos modernos. Já apareceram veterinários. A maioria do gado é "raceado", filho de reprodutores europeus ou adquiridos em Minas Gerais. Não sabem esses bois atender ao "aboio". Não são bons para *puxar*. São touros pesadões e caros, ciúme dos donos que não desejam ver perna quebrada em quem lhes custou dinheiro grosso. O algodão assenhoreou-se das terras.

O vaqueiro "encourado", com sua armadura cor de tijolo, suas esporas de prateleira, seu gibão medieval, seu guantes que apenas cobrem o dorso da mão, recua. Recuam os vaqueiros e com eles desaparece a "gesta" secular e anônima dos heroísmos sem testemunhas e das coragens solitárias e atrevidas.

Voltando do sertão do Seridó, tardinha, o auto, numa curva, deteve-se para uma verificação. Cada minuto os caminhões, os ônibus cheios de passageiros, passavam, levantando poeira nas estradas vermelhas e batidas. Iam fazer em horas o que se fazia em dias inteiros de comboio.

Bruscamente, numa capoeira, saiu um boi mascarado. O pequeno tampo de couro não o deixava ver senão para baixo. Vinha tropeçando, num choto curto e áspero. Perto, encourado, orgulhoso, um vaqueiro moço, louro, a pele queimada de sol, seguia, num galope-em-cima-da-mão, aboiando. Todas as cidades derredor estavam iluminadas a luz elétrica e conhecem o avião, o gelo e o cinema. O vaqueiro aboiando, como há séculos, para humanizar o gado bravo, era um protesto, um documento vivo da continuidade do espírito, a perpetuidade do hábito, a obstinação da herança tradicional. Fiquei ouvindo, numa emoção indizível. Mas o

automóvel recomeçou o ronco do motor. E no ar melancólico a plangência do aboio era apenas uma recordação... [...]

Aqui uns versos de Fabião das Queimadas (1848-1928) descrevendo uma vaquejada na Fazenda "Potengi Pequeno", Município de São Tomé, no Rio Grande do Norte, realizada em outubro de 1921, na casa de Manuel Adelino dos Santos. É um documento fiel da técnica dos cantadores, isto é, dos glosadores, para o registo de acontecimentos futuramente aproveitados.

Em vez de deter-se em narrar a vaquejada, o velho Fabião apaixona--se por um novilho cabano (de orelhas pendentes) que não foi alcançado pelos vaqueiros. Insensivelmente o cantador encarna o animal, descreve seu orgulho, sua alegria de derrotar os melhores parelheiros da redondeza. Pela voz do negro poeta o animal saúda ironicamente os cavalos, manda lembrança aos vaqueiros e anteprepara uma "gesta" que outro cantador fará, a perseguição do novilho tornado célebre. Também é de notar-se a convicção que Fabião das Queimadas tinha do seu próprio mérito, de sua presença indispensável e gloriosa.

A banalidade dos versos é esquecida pela fidelidade completa com que o "glosador" retrata e comenta as cenas assistidas:

1

Eu peço a Vamicês todos
Os senhores que aqui estão,
Olhe lá, escute bem,
O que que diz Fabião,
Vou contar o sucedido
De uma apartação.

2

Que houve no Potengi
Em casa do Adelino,
Juntou-se um pessoal,
Home, muié e menino,
Tava até um bom vigário
Mandado por Deus divino.

3

O vigário disse a missa
E veio pra apartação.
Convidou o Adelino
Pra vê a vadiação
E veio com muita gente,
Conduzindo o sacristão.

4

E não quis saber da casa,
Atrepou-se num mourão,
Passou o dia no sol,
Vendo botar boi no chão,
Se rindo e gostando muito,
Batendo palma de mão...

5

Chegou Manuel Adelino:
– Vá pra sombra, seu Vigaro.
Ele disse: – Eu lá não vou,
Isso pra mim é ragalo.
Quero ver nesta corrida
Quem são os milhor cavalo.

6

Gritou Manuel Adelino
Com os curral cheio de gado,
Mais de 200 cabeças,
Vinte touro separado:
– Quem tiver cavalo, encoste,
Que os touro estão jejuado...

7

Tornou a dizer de novo
Ali aos seus camarada:
– Boi e vaca que morrer
Hoje, de perna quebrada,

Tudo é para se comer
A mim não se deve nada.

8

Ficou o povo animado
Com as palavras do patrão.
– Vamo agora comer muito
Farofa, carne e pirão...
Até eu estive lá
Também dei meu empurrão...

9

Correu um touro cabano,
Este rajado da cor,
Foi tirado cinco vez
E cavalo nenhum tirou,
Bateram palma e dissero:
– Já vi bicho corredô...

10

E tinha cavalo bons
Ali nesta apartação;
"Veneno" da Serra Azul,
"Castanho" da Divisão,
O "Medalhão" do Satiro
E o "Pedrês" do sertão.

11

Tinha o cavalo "Veado"
Do senhor José Ferreira,
Que nunca correu a touro
Que não levantasse a poeira,
Mas o dono esmoreceu
Quando me viu na carreira...

12

O "Pedrês" do sertão
Tem fama no Acari,
Correu muito em Caicó,
Conceição do Sabugi,
Hoje está logrando fama
Na ribeira Potengi.

13

Logo eu tive uma fortuna
Que me safei bem contente,
No dia da apartação
Achei "Medalha" doente,
Porém pude conhecer
Qu'era cavalo de frente...

14

O "Medalha" e o "Pedrês"
Corriam sempre irmanado,
Um duma banda, outro doutra,
E eu no meio emprensado,
Porém sempre me safando
Pois corria com cuidado.

15

Fui jurado neste dia
Do "Medalha" e do "Pedrês".
Com'eles não me pegaro
Fui jurado pr'outra vez
Para outra apartação
Que se juntasse nós três...

16

Dê-me lembrança ao cavalo
De Zé Lopes da Condessa,
Que veio a mim com muito roço,
Mas tirei-o da suspeita,

Esses cavalinho novos
A mim não me faz careta.

17

Dê-me lembrança ao cavalo
Do senhor José Lebora
Qu'eu sei que é corredô
Pra pegá boi não demora,
Mas porém nas minhas unha
Não pôde cantá vitora...

18

Dê-me lembrança ao cavalo
"Veneno" da Serra Azu,
E o "Veado" do Ferreira
Qu'é mesmo que um garapu.
Esses ainda chegarum
Perto do meu mucumbu.

19

Lembrança ao cavalo velho
"Castanho" da Divisão,
Está com 22 ano,
Porém não dá seu quinhão,
Ainda pode vadiar
Em qualquer apartação.

20

O que foi de cavalo bons
Todos correram a mim
Porém não teve nenhum
Que me quebrasse o cupim,
Eu não fui com o lombo ao chão
Nem amassei o capim.

21

O "Veneno" da Serra Azul
Inda saiu me pisando,

No arranco da porteira,
O vaqueiro foi pegando,
Mas tinha o pátio ao meu favor
Depressa me fui safando...

22

Lembrança aos vaqueiros todos
Que vinham em bons cavalo,
Que correram atrás de mim
Mas porém não me pegaro.
E eu dei tabaco a todos
Na presença do Vigaro...

23

Lembrança a José Ribeiro
E também a Aureliano
E aos camaradas dele.
Dê-me lembrança que eu mando,
Se a morte não me matar,
Adeus, até para o ano...

24

Dê-me lembrança também
Ao velho José Catita,
Que ele já é home velho
Mas ficou comigo em vista,
Que a carreira do cabano
Ele achou muito bonita.

25

Dê-me lembrança a Ovídio,
Filho de senhor Macio,
Que também gostou de ver
A carreira do "nuvio"...
E ao camarada dele.
Chamado Manué Bazio.

26

Tem aí dois camarada
Ou'esses me ficar atrás,
Dê-me lembrança que eu mando,
Ao senhor Manué Morais,
E um camarada dele
Chamado Bento Tomaz...

27

Elpídio mais Bernardino,
Home puchadô de gado,
Mas tivero uma desculpa
Porque estavum mal montado,
Porém levaram em lembrança,
O cabaninho rajado...

28

Matou-se uma vaca gorda
Mode comer panelada.
Comeu-se mais outras duas,
Que foi de perna quebrada,
Quando foi no fim da festa
Todas três tavum acabada...

29

Quand'uma quebrava a perna,
O patrão criava fogo.
Dizia logo pra mulher:
– Nós temos carne de novo,
Toque fogo na panela,
Pra dar de comer ao povo.

30

Gritava o filho Pedro,
Com uma venda de "molhado"
E outra só de "fazenda",
E muito dinheiro guardado:
– Meu Pai não esmoreça,
Quero vê falá arrojado...

31

Gritava seu Adelino,
Falava dona Janoca,
De vez em quando botava
Ela a cabeça na porta:
– Se eu ganhar dentro do samba
Hoje o diabo se sorta!

32

Entrava dona Janoca
Pra dentro do cupiá,
Vinha a porta de diente,
Vê o povo derrubá
– Meu veio a mesa tá pronta,
chame o povo pra jantá...

33

Era povo em demasia,
Que não se podia contá,
Home, muié e menino,
Que chegava a negrejá,
Só se acreditava bem
Foi quem viu, quem estava lá...

34

Primeiro entrou o Vigário,
O home de mais valô,
Por ter mais merecimento,
Desde que se ordenou,
Por ser ministro de Cristo,
Mandado pelo Senhô...

35

Estava home ilustrado,
Onde um foi seu Mangabeira,
Seu Ulisse e major Afonso,
Seu Duarte e João Siqueira,
O filho de seu Chicó,
O capitão Zé Ferreira...

36

Estava seu Sebastião,
França Dias e seu Marinho,
Zé Pedro e Manuel Anrique,
João Batista e seu Toninho,
Estava seu José Claudino
E o cunhado Francisquinho.

37

Estava dois home ilustrado,
Home de muito valô,
Moradô na capitá,
Manos do Gunvernador...
Estava também Fabião,
Qu'é poeta glosadô....

38

Esteve um moço da cidade,
Chamado Joca Galvão,
Que é casado com a filha
Do Teófilo Barandão,
Retratou o povo todo
E o gado da apartação...

39

Esteve home ilustrado,
Doutores e capitão,
Onde estava seu Vigaro
Junto com o sacristão...
Porém nenhum deles faz
O que faz o Fabião!...

Maiores detalhes sobre o tema deste capítulo, com exemplos e citação de fontes, você encontra em *Vaqueiros e cantadores* (São Paulo; Global Editora), nas páginas 107 a 115.

"Gesta" de animais

Para o Nordeste a pastorícia fixou a população. Os velhos "currais de gado" foram os alicerces pivotantes das futuras cidades. As fazendas coincidem como denominadoras das regiões povoadas. Vezes ainda mostram a primitiva "casa-da-fazenda", núcleo irradiante de todo casario agora iluminado a eletricidade e ouvindo rádio. [...]

Das margens do Rio São Francisco vieram vaqueiros e povoaram as sesmarias requeridas, de léguas e léguas, pelos capitães-mores pernambucanos e baianos.

A guerra dos índios no século XVII, determinando a ida de centenas e centenas de homens nas forças de repressão, antecipou a penetração das terras. [...]

As fazendas se multiplicaram. O gado era tudo. Capistrano de Abreu chama a "era do couro" porque o couro significava quase a própria economia da época. A pecuária dava, como na Grécia antiga, o sentido de riqueza e de força social. A figura máxima era o fazendeiro, com sua gadaria, seus vaqueiros e trabalhadores do eito.

A fazenda não exigia tantos braços como a lavoura. O trabalho era o mesmo para todos, vaqueiros, donos da fazenda e escravos. O isolamento, a distância dos centros que se iam civilizando fazia daquela pequenina população entregue aos cuidados de um homem, um mundo que se bastava. Os cercados de milho, de mandioca, de feijão, de inhame, de jerimu garantiam, como o gado, a subsistência. O leite coalhado, os queijos frescos ou de prensa, os bolos secos e beijus, davam o sabor às refeições breves e silenciosas, sem talher e sem copo, feitas no couro sem mulheres derredor.

Nas grandes festas do ano, São João e Natal, ia-se à missa do povoado. As fazendas maiores tinham suas capelas. Estas são atualmente as Igrejas das cidades sertanejas.

A distração era o cantador. Dedilhando a viola ou arranhando a rabeca, o negro-escravo ou um curiboca "alvarinto", recordava aventuras de cangaceiros ou doces romances de amor. Cantava xácaras portuguesas. O assunto mais sugestivo, depois do desafio, era a história dos entes que povoavam a vida do sertão, bois, touros, vacas, bodes, éguas, as onças, os veados.

Essa fauna era evocada com detalhes de localização, indicações de nomes próprios que faziam rir a assistência. Os touros e bois, onças e bodes velozes contavam suas andanças, narrando as carreiras e os furtos cometidos.

O auditório, rudes vaqueiros encardidos de sol, veteranos das "catingas" e dos tabuleiros, vencedores dos saltos dos serrotes e das galopadas frenéticas no lombo das serras sem nome, acompanhava num interesse supremo o assunto que era a explicação pessoal de cada um.

Os mais antigos versos são justamente aqueles que descrevem cenas e episódios da pecuária. Os dramas ou as farsas da gadaria viviam na fabulação roufenha dos cantadores.

Às vezes os versos anunciam o ano. Na "décima do Bico Branco", que A. Americano do Brasil recolheu em Goiás, cita-se:

> Na era de cincoenta e quatro, [1854]
> Na ribeira do Enforcado,
> A onze do mês de outubro
> Me alembro que fui pegado...

No "A. B. C." do "Boi Prata" que Sílvio Romero diz ser cearense e incluiu no seu "Cantos Populares do Brasil", há outra alusão ao ano:

> A dois de agosto de quarenta e quatro [1844]
> Nasci no Saco da Ema;
> Bebi na Lagoa Grande,
> E malhei lá na Jurema...

Dessa antiguidade de função social vêm os versos que retratam o ambiente, focando o motivo essencial do trabalho humano da época.
[...]
Outro sinal de antiguidade é o fantástico que cerca a figura dos velhos animais glorificados.

Meu Boi nasceu de manhã,
A mei-dia se assinou,
Às quatro horas da tarde
Com quatro touros brigou!

O couro do Boi Espácio
Deu cem pares de surrão,
Para carregar farinha
Da praia de Maranhão.

O romance do Boi Espácio, Sílvio Romero mostrou ser contemporâneo às lutas da Independência do Brasil. Alude-se a "marotos", denominação pejorativa dada aos portugueses.

Os cascos do Boi Espácio
Deles fizeram canoa
Para se passar Marotos
Do Brasil para Lisboa...

E, no romance do Boi Liso, que Pereira da Costa registou no sertão pernambucano, outra indicação de data:

Fui bezerro em vinte e sete,
Em vinte e oito garrote,
No ano de trinta e dois
Passei o golpe da morte.
[...]

No romance "O Rabicho da Geralda", um dos mais tradicionais de todo sertão, vê-se a citação da "grande seca", que é 1792. O historiador cearense Antônio Bezerra de Menezes guardava entre seus papéis uma cópia e afirmou a Rodrigues de Carvalho que a história se passara em Quixeramobim, no ano de 1792. A quadra assim diz:

Chega enfim noventa e dois
Aquela seca comprida
Logo vi que era a causa
De eu perder a minha vida.

Na versão publicada por Sílvio Romero em 1883:

Veio aquela grande seca
De todos tão conhecida;
E logo vi que era o caso
De despedir-me da vida.

[...]

A quase totalidade dos versos é anônima e todo sertão repete a obra mas não conhece, e jamais conhecerá, o autor. Sabe-se apenas a história, seguida e concatenada, duma existência bravia, sem cotejos e sem estímulos em cancioneiros ibero-americanos. O poeta sertanejo desaparece inteiramente. Só o animal, touro ou onça, boi ou bode, falará para a memória fiel de gerações de vaqueiros e de cantadores.

1

Eu sou o liso Rabicho,
Boi de fama conhecido.
Nunca houve neste mundo
Outro boi tão destemido.

2

Na fazenda do Burel,
Nos verdes onde pastei,
Muitos vaqueiros de fama
Nos carrascos eu deixei...

Assim falam, na abertura da odisseia, o boi Rabicho da Geralda e a Vaca do Burel. Assim falam as onças do Sitiá e do Cruxatu:

1

Eu sou a célebre onça,
Massaroca destemida,
Que mais poldrinhos comeu,
Apesar de perseguida!
Achando-me perto da morte,
Vou contar a minha vida.

2

Sou onça sussuarana,
Filha da onça pintada,
Sou neta da massaroca,

Trouxe sina de enjeitada,
Nasci no Curral do Meio,
Onde fiz minha morada.

Assim dizem sua loa a "besta" da serra de Joana Gomes no Rio Grande
do Norte e a "mateira", veada do populário de Goiás:

1

Besta nasci, besta sou,
Apois besta é o meu nome,
Mas besta é os vaqueiro,
Qui nasceru sendo home,
Porque pensavum qu'eu era
O gado da Joana Gome...

2

Antes que dê princípio
A contar minha vida,
É de acerto dizer
Aonde fui nascida.

3

Eu nasci numa fazenda
Rica de capão e mata,
A qual se me não engano,
É a fazenda do Prata.

Assim o Boi Vítor e o Pintadinho:

1

Digo eu, boi do Vítor,
Desta terra bem conhecido,
A grandeza do meu nome
Neste mundo tem corrido.

2

Eu sou o boi Pintadinho,
Boi corredor de fama,
Que tanto corre no duro
Como na várzes de lama...

A "gesta" dos animais é a mais tradicional e querida pelos sertanejos. Sua abundância de outrora com a rareza de sua existência presente, marcam o predomínio e o declínio da pecuária nordestina.

Romance do Boi da Mão de Pau

De Fabião das Queimadas (1848-1928). Fabião Hemenegildo Ferreira da Rocha. Rio Grande do Norte.

1

Vou puxar pelo juízo
Para saber-se quem sou.
Prumode saber-se dum caso,
Talqual ele se passou.
Que é o Boi liso vermelho,
O Mão de Pau corredor!

2

Desde em cima, no sertão
Até dentro da capitá
Do norte até o sul,
Do mundo todo em gerá,
Em adjunto de gente,
Só se fala em Mão de Pau.

3

Pois sendo eu um boi manso
Logrei a fama de brabo,
Dava alguma corridinha
Por me ver aperiado,
Com chocalho no pescoço,
E além disto algemado...

4

Foi-se espalhando a notícia;
Mão de Pau é valentão.
Tando eu enchocalhado,

Com as algemas nas mão,
Mas nada posso dizer,
Que preso não tem razão.

5

Sei que não tenho razão,
Mas sempre quero falá,
Porque além d'eu estar preso
Querem me assassinar...
Vossamercês não ignorem;
A defesa é naturá...

6

Veio cavalos de fama
Pra correr ao Mão de Pau.
Todos ficaram comido
De espora e bacalhau...
Desde eu bezerro novo
Que tenho meu gênio mau...

7

Na serra de Joana Gomes
Fui eu nascido e criado,
Vi-me a morrer de sede,
Mudei-me lá pro Salgado.
Daí em vante os vaqueiro
Me trouveram atropelado...

8

Me traquejaram na sombra,
Traquejavam na comida,
Me traquejavam nos campo
Traquejavam nas bebida,
Só Deus terá dó de mim,
Triste é a minha vida...

9

Tudo quanto foi vaqueiro
Tudo me aperriou,
Abaixo de Deus eu tinha
Fabião a meu favor.
Meu nêgo, chicota os bicho...
Aqueles pabuladô...

10

Pegaram a me aperriar,
Fazendo brabo estrupiço,
Fabião na casa dele,
Esmiuçando por isso,
Mode no fim da batalha
Pudê fazê o serviço...

11

Tando eu numa maiada,
Numa hora d'amei-dia,
Que quando me vi chegá
Três vaqueiro de enxurria,
Onde seu José Joaquim
Este me vinha na guia...

12

Chegou-me ali de repente,
O cavalo "Ouro Preto",
E num instante pegou-me,
Num lugá até estreito,
Se os outro tiveram fama
Deles não vi o proveito...

13

Ali fui enchocalhado,
Com as algemas na mão,
Butado por Chico Luca
E o Raimundo Girão,
E o Joaquim Siliveste
Mandado por meu patrão.

14

Aí eu me levantei,
Saí até choteando,
Porque eu tava peiado,
Eles ficaram mangando,
Quando foi daí a pouco
Andava tudo aboiando...

15

Me caçaram toda a tarde,
E não me puderam achar,
Quando foi ao pôr do sol,
Pegaram a si consultar,
Na chegá-la de casa
Que história iam contar.

16

Quando foi no outro dia
Se ajuntaram muita gente.
– Só pra dá desprezo ao dono
Vamos beber aguardente...
Pegaram a si consultar,
Uns atrás, outro aguente...

17

Procurei meus pasto veio,
A serra de Joana Gome,
Não venho mais no Salgado,
Nem que eu morra de fome,
Pru que lá aperriou-me
Tudo o que foi home...

18

Prefiro morrer de sede,
Não venho mais no Salgado,
No tempo em que tive lá,
Vivi muito aperriado,
Eu não era criminoso
Porém saí algemado...

19

Me caçaram muito tempo,
Ficaram desenganado,
E eu agora de-meu.
Lá na serra descansado...
A cabo de muito tempo,
Vi-me muito agoniado.

20

Quando foi com quatro mês,
Um droga dum caçadô
Andando lá pelos matos,
Lá na serra me avistou,
Correu depressa pra casa,
Dando parte a meu sinhô...

21

Foi dizê a meu sinhô
– Eu vi Mão de Pau na serra –
Daí em vante os vaqueiro,
Pegaro a mi fazê guerra,
Eu não sei que hei de fazê
Para vivê nesta terra...

22

Veio logo o Vasconcelos
No cavalo "Zabelinha",
Veio disposto a pegar-me,
Pra ver a fama qu'eu tinha,
Mas não deu pra eu buli
Na panela das meizinha...

23

Sei que tô enchocalhado
Com as argemas na mão,
Mas esses cavalos mago
Enfio dez num cordão,
Mato cem duma carreira,
Deixo estirado no chão...

24

Quando foi no outro dia
Veio Antônio Serafim,
Meu sinhô Chico Rodrigue,
Isto tudo contra mim...
Vinha mais muito vaqueiro
Só pro-mode dá-me fim.

25

Também vinha nesse dia
Sinhô Raimundo Xexéu,
Este passava por mim
Nem me tirava o chapéu,
Estava correndo atoa,
Deixei-o indo aos boléus...

26

Foram pro mato dizendo
O Mão de Pau vai a peia.
Se ocuparo neste dia
Só em comê mé-de-abeia,
Chegaro em casa de tarde,
Vinham de barriga cheia...

27

Neste dia lá no mato
Ao tira duma "amarela"
Ajuntaram-se eles todo,
Quase qui brigam mor-dela
Ficaram todos breados,
Oios, pestana e capela...

28

Quem vinhé a mim percure,
Um cavalo com sustança,
Ind'eu correndo oito dia
As canela não me cansa

Só temo a cavalo gordo
E vaqueiro de fiança...

29

Eu temia ao "Cubiçado"
De Antônio Serafim,
Pra minha felicidade
Este morreu, levou fim.
Fiquei temendo o "Castanho"
Do sinhô José Joaquim.

30

Mas peço ao José Joaquim,
Se ele vier no "Castanho",
Vigi não faça remô,
Qu'eu pra corrê não me acanho,
Nem quero atrás de mim
De fora vaqueiro estranho.

31

Logo obraram muito mal
Em correr pro Trairi,
Buscar vaqueiro de fora,
Pra comigo divirti,
Tendo eu mais arreceio
Dos cabras do Potengi...

32

Veio Antônio Rodrigues,
Veio Antônio Serafim,
Miguel e Gino Viana,
Tudo isto contra mim,
Ajuntou-se a tropa toda
Na casa do José Joaquim.

33

Meu senhô Chico Rodrigue
E quem mais me aperriava.
Além de vir muita gente,
Inda mais gente ajuntava,
Vinha em cavalos bons,
Só pra vê se me pegava...

34

Vinha dois cavalos de fama,
"Gato Preto" e o "Macaco".
E os donos em cima deles,
Papulando no meu rasto,
Tive pena não nos vê
Numa ponta de carrasco...

35

Ao senhô Francisco Dias,
Vaqueiro do Coroné,
Jurou-me muito pegar-me
No seu cavalo "Baé",
Porém que temia a morte,
S'alembrava da muié...

36

Vaqueiro do Potengi,
De lá inda veio um,
Um bicho escavacadô,
Chamado José Pinun,
Vinha pra me comê vivo
Porém vortô em jijum...

37

Veio até do "Olho d'Água"
Um tal Antônio Mateu,
Num cavalo bom que tinha,
Também pra corrê a eu.

Cuide de sua famia,
Vá se encomendá a Deus...

38

Veio até senhô Sabino,
Lá da "Maiada Redonda",
É bicho que fala grosso,
Quando grita a serra estronda,
Conheça que o "Mão de Pau"
Com careta não se assombra...

39

Dois fio de Januaro,
Bernardo e Maximiano,
Correram atrás de mim
Mas tirei-os do engano
Veja lá que "Mão de Pau"
Pra corrê é boi tirano...

40

Bernardo por sê mais moço
Era mais impertinente,
Foi quem mais me perseguiu
Mas enganei-o sempre,
Quem vier ao "Mão de Pau"
Se não morrer, cai doente...

41

Cabra que vier a mim,
Traga a vida na garupa,
Se não eu faço com ele
O que fiz com Chico Luca,
Enquanto ele fô vivo
Nunca mais a boi insulta...

42

Senhô Antônio Rodrigue
Mais seu Gino Viana,
Vocês tão em terra aleia
Apois vigie como anda,
Se não souberam dançá
Não se metessem no samba.

43

Vaqueiro do Trairi
Diz. Aqui não dá recado,
Se ele dé argum dia santo
Todos ele são tirado,
Deix'isso pr'Antonho Ansermo
Que este corre aprumado...

44

Quando vi Antonho Ansermo,
No cavalo "Maravia",
Fui tratando de corrê
Mas sabendo que morria...
Saiu de casa disposto,
Se despidiu da famia...

45

Vou embora desta terra,
Pru que conheci vaqueiro,
E vou de muda pros Brejo
Mode dá carne aos brejeiro,
Do meu dono bem contente
Que embolsou bom dinheiro...

46

Adeus "Lagoa dos Veio",
E "lagoa do Jucá",
E serra da Joana Gome,
E "riacho do Juá"...

Adeus até outro dia,
Nunca mais virei por cá...

47

Adeus "cacimba do Salgado",
E "poço do Caldeirão",
Adeus "lagoa da Peda",
E "serra do Boqueirão",
Diga adeus que vai embora
O Boi d'argema na mão...

48

Já morreu, já se acabou,
Está fechada a questão.
Foi s'embora desta terra
O dito Boi valentão.
Pra corrê só "Mão de Pau",
Pra verso só Fabião!...

Maiores detalhes sobre o tema deste capítulo, com exemplos e citação de fontes, você encontra em *Vaqueiros e cantadores* (São Paulo; Global Editora), nas páginas 116 a 127.

Ciclo social

O Padre Cícero

Cícero Romão Batista nasceu no Crato, Ceará, a 24 de março de 1844, filho de Joaquim Romão Batista (1813-1862) e D. Joaquina Vicência Romana (1826-1896). Estudou primeiras letras com Rufino Montezuma e cinco anos depois Latim, com o Padre João Marrocos Teles. Segundo outras fontes viajou ele para Cajazeiras, Paraíba, onde cursou o famoso Colégio do Padre Mestre Inácio de Sousa Rolim (1800-1900) que também foi professor de Joaquim Arcoverde de Albuquerque Cavalcânti, o primeiro Cardeal da América Latina.

Em 1865 veio para o Seminário de Fortaleza. Ordenou-se presbítero em 30 de novembro de 1870. Em 11 de abril de 1872 fixou-se no Arraial do Juazeiro, entre Missão Velha e Crato.

O povoado tinha cinco casas de telha, trinta choupanas de palha e uma capelinha em ruínas. Em 1911 Juazeiro era vila, sede de município. Em 1914 cidade, com trinta mil almas. O Padre Cícero esteve em Roma de janeiro de 1898 a dezembro de 1899.

Foi vice-presidente do Ceará. Deputado Federal em 1926. Faleceu no Juazeiro a 20 de julho de 1934.

Foi o mais avassalador e completo prestígio sertanejo em todos os Estados do Nordeste. As populações do interior prestavam-lhe um verdadeiro culto religioso, venerando-o como a um Santo, obedecendo suas ordens, adivinhando-lhe predileções, simpatias e ódios. Padrinho de milhares e milhares de pessoas, era o *meu padrim Pade Cisso* suprema potestade indiscutível e indiscutida. Ao seu aceno havia paz ou guerra. Cangaceiros ajoelhavam-se para vê-lo passar. Uma sua carta de recomendação valia como o mais sagrado dos salvo-condutos. Ninguém recusava render-lhe homenagem nem desatender um seu chamado.

Os governadores do Ceará iam ao Juazeiro visitá-lo e timbravam em documentar essa jornada *ad limina* com fotografias. Um ambiente de fanatismo irreprimível cercou-o. Riquíssimo proprietário, senhor feudal, o Padre Círero deixou tudo quanto possuía para os Padres Salesianos.

Tem admiradores fanáticos e inimigos integrais. Como elemento religioso, foi de influência maléfica e anticristã. Viveu tolerando e animando a onda fanática de "romeiros" e mantendo uma multidão de "beatos". O Juazeiro multiplicou-se sob sua gestão mas era um castelo de propriedade individual. Sem um espírito sacerdotal, o Padre Cícero nunca repeliu a baixa exploração dos seus afilhados e beatos consentindo na venda abundante de seu retrato entre nuvens e anjos, tendo Nossa Senhora no anverso. O Bispo do Crato suspendeu-o de ordens mas o Padre Cícero, embora resignado às determinações do seu Prelado, continuou a manter derredor de sua pessoa o mesmo halo de veneração coletiva e assumir, em palavras e atos, as funções de profeta e anunciador de coisas futuras.

Pela lei da convergência, o Padre Cícero nucleou as tradições e os milagres atribuídos aos missionários capuchinhos do Brasil imperial. Frei Serafim de Catania, Frei Herculano, o Padre Ibiapina, perderam muitas lendas que se vieram fixar junto ao sacerdote cratense. Hoje o Padre Cícero é o centro de formação duma gesta, soma de episódios fantásticos, de milagres tradicionais, de intervenções fulminantes, outrora pertencentes a outros personagens impressionadores da multidão.

Dominador de valentes, guia de guerrilhas, decididor de eleições, dono de riquezas, ficou vivendo sem fausto, e alarde, conservando-se em pureza eclesiástica. Sua vaidade era dizer-se influentíssimo em acontecimentos inteiramente acima de sua fama. Afirmava dever-lhe o Mundo a terminação da Guerra de 1914-1918, a continuação das Obras contra as Secas, a vitória da Revolução de 1930, o sucesso de chefes da Nação e administradores estaduais. Simples, afável, acolhedor, caritativo, nunca atuou como uma força civilizadora. Não educou nem melhorou o nível moral de seu povo. Antes, desceu-o a uma excitação febril, guardando segredos de perpétua irritação coletiva, para mais decisiva obediência geral.

Diziam no sertão que o Padre Cícero "aparecera" na matriz do Juazeiro, fazendo profecias, na manhã de 10 de fevereiro de 1937. O poeta popular Gregório Gomes "soltou" uns versos, narrando o caso. Os tópicos essenciais são:

1

Mas agora em 37,
houve isto que vou narrar,
no dia 10 de fevereiro,
fez muita gente chorar.
O que meu padrinho foi dizendo,
meu tio foi escrevendo
e mandou para eu *versar*...

2

Ouviram tocar uma *chamada*
muita gente logo chegou,
só viram uma voz dizer:
sou eu que aqui estou,
é o padre Cícero Romão...
E nesta mesma ocasião
por esta forma falou...

3

Daqui até 45
tem muito o que aparecer
coisa que causar grande medo,
fazendo o povo tremer
e para todos ficar ciente,
basta saber toda gente
que eu me mudei para não ver...

4

Eu pelo menos me rejo
pelas antigas profecias.
Estou lembrado das palavras
de Moisés e de Elias,
mas o povo está enganado
porém o mundo vai ser queimado
e não faltam muitos dias...

5

35 e 36
foram dois anos de farturas
mas 37 e 38
ficam poucas criaturas,
finalmente até 45
as batalhas são sangrentas,
assim dizem as Escrituras.

6

Os horrores são demais
que muito breve há na terra,
o que não morrer de fome,
morre de peste ou de guerra.
Porém os conselhos meus
é que todos morram por Deus
que acerta e nunca erra...

O poeta Albertino de Macedo (de Açu) queima seu incenso:

1

Privado dos paramentos,
sem administrar sacramentos,
é firme sem vacilar!
Os mandamentos da Igreja
não importa suspenso seja
venera sem blasfemar...

2

O Padre do Joazeiro,
sacerdote verdadeiro,
ministro de Deus, bondoso,
levando a cruz ao Calvário
neste afã de seu fadário
é radiante, é virtuoso...

3

Assim pois, calmo e sereno
Semelhante a um Deus Pequeno,
lá no posto a pregar,
estimula o povo em massa,
concitando que na graça
de Deus, vive a venerar...

4

Me dizem que milagre,
que do vinho faz vinagre,
e muitas curas de assombrar,
De dia é branca a cabeça,
e logo que a noite desça
Já começa a renovar...

5

Não morre, assim diz o povo,
de velho passando a novo,
e não se sabe a sua idade,
e acredito que assim sendo
aumenta mais reverendo
o fervor da Humanidade.

6

Mas... se conserva em seu posto,
guardando n'alma o desgosto,
sem falar do Onipotente...
E um *Semideus* eu cá na terra,
que arrasta de serra em serra
grande e forte contigente...

O vate faz alusão a uma crendice dos "romeiros" do Juazeiro. O Padre Cícero era imortal. A cabeça, encanecida durante o dia, ficava coberta de cabelos negros durante a noite. Nos versos de João Mendes de Oliveira, "o cantor do Juazeiro", poeta ambulante e uxoricida que um júri local absolveu, o entusiasmo pelo "padrim" é mais vivo e desmarcado.

Os sertões do Nordeste foram e continuam cheios de medalhas de alumínio, ouro e prata, com o retrato em relevo, em fotocromia, gravado ou pintado, do Padre Cícero, tendo Nossa Senhora no anverso. Milhares de retratos mostram-no cercado de anjos que tocam liras e harpas em honra do Justo.

Centenas e centenas de orações, ensalmos, jaculatórias, apelam para os Santos por intermédio do Padre Cícero. Mesmo em Natal, Fortaleza, João Pessoa e Recife os jornais publicam "graças" alcançadas pela "*santa intercessão do meu virtuoso padrinho padre Cícero*". Em 1935 (o padre morrera em 1934) foram vendidos, só por uma casa, 30.000 broches com sua efígie. Não seria de esperar medida e ritmo no fervor de João Mendes de Oliveira, um dos mais expressivos vates do ciclo.

1

Faz quarenta e tantos ano
que chegou no Juazeiro,
construiu uma Matriz,
botou na frente um cruzeiro...
Celebrou a Santa Missa,
deu bênção ao Mundo Inteiro...

2

É um pastor delicado,
é a nossa proteção,
é a salvaçãodas alma,
o padre Cisso Romão,
é a justiça divina
da Santa Religião!...

3

É dono do Horto Santo,
É dono da Santa Sé,
É uma das Três Pessoas,
É filho de São José,
Manda mais que o Venceslau,
Pode mais que o João Tomé*.

---

* Estes versos são de 1917. Vesceslau Brás Pereira Gomes era o Presidente da República e o Dr. João Tomé de Saboia e Silva, governador do Estado do Ceará. O Padre Cícero podia e mandava muito mais que ambos os chefes do Estado e da República.

4

Quem não prestar atenção
ao que meu Padrinho diz
também não crer na Matriz
da Virgem da Conceição,
nem no profeta São João,
não poderá ser feliz.

5

Com relação à ciência
ele é quem tem toda ela!
Tudo ele faz diferente,
até o benzer da vela,
sítio, fazenda de gado,
Matriz, sobrado e capela.

6

Viva Deus primeiramente,
Viva São Pedro Chaveiro,
Viva os seus santos Ministro,
Viva o Divino Cordeiro!
Viva a Santíssima Virgem,
Viva o Santo Juazeiro!...

7

Viva o Bom Jesus dos Passo,
Viva Sant'Antônio também,
Viva o Santo Juazeiro,
Que é o nosso Jerusalém!
Viva o Padrim Pade Cisso
Para todo o sempre, Amém!

8

Eu sou a Virgem das Dores,
Cisso é o dono do Sacrário;
Conheçam bem, pecadores,
A ele dou meu Rosário,
Quem a Cisso respeitar
Ficará com Deus Eterno,

Não consinto ir pro Inferno
Quem ouvir Cisso falar!...

9

Viva o autor da Natureza,
Viva São Miguel Arcanjo,
e viva a Corte dos Anjos,
Viva toda a Realeza!
Viva Santa Luz Acesa,
Viva esta boa semente,
Viva Deus Onipotente.
Viva a Cruz da Redenção,
E o Padre Cisso Romão
Viva! Viva, eternamente!

10

Não tenho mais a dizer,
Sou João Mendes de Oliveira,
nesta língua brasileira
eu nada pude aprender,
porém posso conhecer,
de tudo quanto é verdade!
Não tenho capacidade,
mas sei que não digo à-toa:
PADE CISSO É UMA PESSOA
DA SANTÍSSIMA TRINDADE!...

As lendas, milagres, curas, aparições, bilocações, receitas miraculosas do Padre Cícero correm os sertões. As orações, aos milheiros, levam aos que não conheceram o "santo do Juazeiro" a sedução do mesmo arrebatamento, a identidade da mesma crença e a continuidade duma veneração que a morte não pôde apagar dos corações rudes e simples.

A "Oração de Nossa Senhora das Dores" é, de todas, a mais espalhada e popular. Um milhão de lábios a dizem lentamente. N. S. das Dores é a Padroeira do Juazeiro, a Santa de especial devoção do "padrim". Vive, ao lado do retrato do padre, na maioria dos ranchos, dos mocambos, dos cupiás sertanejos.

A "oração de Nossa Senhora das Dores" foi lida pelo médico, deputado federal pelo Ceará, Floro Bartolomeu, na Câmara dos Deputados, na sessão de 23 de setembro de 1923:

"Santa Mãe de Deus e mãe Nossa, mãe das Dores, pelo amor de meu Padrinho Cícero, nos livre e nos defenda de tudo quanto for perigo e misérias; dai-nos paciência para sofrer tudo pelo vosso amor, ainda que nos custe mesmo a morte. Minha Mãe, trazei-me o vosso retrato e o do meu Padrinho Cícero no vosso altar retratados no meu coração daqui para sempre; reconheço que vim aqui por vós e por meu Padrinho Cícero; dai-me a sentença de romeiro da Mãe de Deus; dai-me o vosso amor, e a dor dos meus pecados para nunca mais cair em pecado mortal; abençoai-me todos os dias, dai-me a vossa graça, que precisamos para amar com perfeição nesta vida, para podermos gozar na outra, por toda a eternidade. Amém".

Um poeta sertanejo do Rio Grande do Norte, Francisco Germano, não deixou significar sua admiração ao Padre Cícero dentro dos moldes de um A. B. C. É este o "A. B. C. do Juazeiro":

1

Agora peço atenção
ao povo e ao companheiro
pra tratar de um A. B. C.
peço licença primeiro.
E esta deve ser tanta
segundo a *beata santa*^{··}
do Padre do Joazeiro.

---

* Floro Bartolomeu da Costa nasceu em São Salvador, Bahia, a 17 de agosto de 1876 e faleceu no Rio de Janeiro em 8 de março de 1926. Era médico pela Faculdade da Bahia. Fixou-se no Juazeiro em 1908. Pessoa de intimidade e absoluto prestígio junto ao Padre Cícero, foi deputado estadual e federal, dirigiu parcialmente o movimento armado contra Franco Rabelo, guerreou Luiz Carlos Prestes e o presidente da República, Artur Bernardes, fê-lo general honorário do Exército.

** A *beata santa* é Maria de Araújo, nascida a 24 de maio de 1863 em Juazeiro do Crato e aí falecida em 17 de janeiro de 1914. Está sepultada na capela de N. S. do Perpétuo Socorro. Diz a tradição que em 11 de junho de 1890, na capelinha de N. S. das Dores, a beata Maria de Araújo comungava quando a partícula se transmudou em sangue vivo. As autoridades diocesanas repudiaram formalmente o *milagre*. Para os beatos do Juazeiro é um fato incontestável.

Lourenço Filho opina ser Maria de Araújo uma cacodemoníaca. Alencar Peixoto descreve-a como uma criatura triste, vagarosa, essencialmente caquética, entanguida, com os cabelos cortados à escovinha, com olhos pequenos e sem expressão. Ver "Joazeiro do Cariri", pp. 41 e ss. Alencar Peixoto, Tipografia Moderna. Fortaleza, Ceará, 1913.

2

Bem me parece este Padre
um Sagrado Testamento,
vindo para nos livrar
de tanto iludimento.
Deus mandou-o nos avisar
para nós acompanhar
o melhor regulamento.

3

Conduz este Padre Santo
a favor dos pecadores,
primeiramente a virtude
do maior dos pregadores,
uma santidade exata
e uma santa beata
da Santa Mãe das Dores.

4

Devemos o acompanhar
e fazer o que ele manda,
Vamos fazer deixação
da cegueira em que se anda,
com a vista tão escura
ele mesmo nos procura
e nós tirando de-banda...

5

Este Padre, com efeito,
segundo a pregação,
os exemplos que apresenta
são iguais aos de São João...
Como este, eu suponho,
só o Padre Santo Antônio
quando pregava em sermão!

6

Faz confusa muita gente
no Mundo, em todo canto,
o Padre e sua Beata,
os milagres já são tanto,
para nossa remissão,
já causa admiração
o que faz o Padre Santo.

7

Geralmente em seus exemplos
muitos não acreditavam...
Ele reuniu a todos
quando a ele duvidavam
em tão diminuto tempo
deu prova dentro do templo
perante os que lá estavam.

8

Homem, mulher e menino,
que achavam duvidoso,
viram que o Padre Santo
era um Padre Virtuoso,
que com ardor no coração,
recebeu em suas mãos
este sangue precioso.

9

Ia aquela Beata Santa
para a Santa Confissão,
quando recebeu a Hóstia
na mesa da Comunhão;
Ninguém duvide nem mangue
que a Hóstia virou-se sangue
e todos viram esta ação!...

10

Já se fala neste Padre
quase em todo país,
o Padre e sua Beata,
Igualmente faz e diz,
e Nossa Senhora das Dores
é a luz dos pecadores
e é a dona da Matriz...

11

Kalendário das Escrituras,
acompanhado de aviso...
Olhemos que estamos perto
de entrarmos em juízo
de darmos conta presente
a um Deus onipotente
lá no eterno Paraíso.

12

Louvemos todos a Deus
que a morte temos na certa,
sem este ninguém sabia
quando a hora era completa.
Nos faltando este acordo
Deus para avisar a todos
nos mandou este Profeta...

13

Missa não há quem procure
nem na missa a comunhão...
Penitência não se faz
nem se pede a Deus perdão,
da Morte não há saída,
tudo se faz pela vida
nada pela salvação!

14

Nosso Padre Missionário
uns exemplos tem nos dado,
riqueza, tempo e futuro,
ele tem desenganado.
Diz ao Povo: – Filhos meus
deixai o Mundo e buscai a Deus,
nosso tempo está chegado!

15

Olhemos o outro mundo
de que modo se acabou.
Que Noé nos avisava
porém não se acreditou,
todos quantos duvidaram
quando eles não esperavam
veio o Dilúvio e os matou.

16

Pedimos ao Padre Santo
penitência e caridade.
Os ricos peçam a esmola
na maior necessidade.
Favoreçam a pobreza,
que terão maior riqueza
no reino de Eternidade...

17

Quem vê este Padre Santo
tanto pede como chora,
quem já teve não tem mais
quem foi rico até agora
use da humanidade,
faça esmola e caridade
para ser rico na glória.

18

Reparemos que é tempo
de a Deus prestarmos conta.
E um Deus onipotente
como o Padre Santo aponta,
dando conselho e exemplo,
mandou avisar com tempo
para ver quem não se apronta.

19

Só podemos ter aviso
mesmo pelos pregadores;
pois Deus mandou este Padre
avisar aos pecadores.
A Beata é conselheira
e a Divina Padroeira
é Nossa Senhora das Dores.

20

Temos nós quatro sentenças
que há muito foram dadas:
Sede, fome, peste e guerra...
As Secas estão faladas,
as águas estão faltando,
e a fome e a peste matando
e as guerras estão pegadas.

21

Uso, escândalo e namoro,
soberba, império e *bondade*,
riqueza e divertimento,
tudo isto é só vaidade,
não deve esperar do Mundo,
quanto espera o moribundo
do reino da Eternidade...

---

* No sertão, *bondade* não é benevolência, magnanimidade, significa antes orgulho, exigências no trato social, exagerados melindres, etc. *Fulano é muito cheio de bondade; Fulano não tem bondade*, dizem justamente o inverso da nossa sinonímia atual.

22

Vamos agradar a Deus
qu'ele está nos procurando...
Nós servimos é ao Demônio
quando estivermos pecando.
Nosso Anjo vai fugindo
e o Demônio entra sorrindo
e Deus se despede chorando...

23

Xora Deus pelos desejos
que tem de nos dar a glória...
Quando nós estamos pecando
Deus se retira, vai embora,
nós, com o nosso ar risonho,
abraçamos ao Demônio
e a Jesus lançamos fora...

24

Y o mais vistoso
e tirador das vogais;
triste devemos viver,
suspirando e dando ais!
Triste vivemos na Terra,
A Jesus fazendo guerra
com os pecados mortais!...

25

Zombando dos evangélicos,
murmura dos pregadores,
quem duvidar que este Padre
não é a luz dos pecadores,
comete grande pecado,
de Deus será castigado
E de Nossa Senhora das Dores!

26

O Til é letra do fim,
com ela findei agora,
O Padre e sua Beata,
Nossa Mãe, Nossa Senhora,
ela mesmo nos reduz
para ver nos conduz
ao santo Reino da Glória!

Um cantador que não louve ao Padre Cícero corre perigo de vida. Romano Elias da Paz é uma dessas raridades. Naturalmente não ousa cantar em terras próximas ao Cariri, mas seu verso é atrevido:

Vi dizer no Joazeiro
Que o Pade Cisso Romão,
só protege criminoso,
gosta muito de ladrão...
Esgota a humanidade,
não faz uma caridade
nem ao menos de um tostão!

Mas é exceção. Os folhetos que tenho ante os olhos aclamam o Padre como se o trouxessem num andor. Moisés Matias de Moura é autor de uma vasta versalhada contando a história singular duma "Moça que virou cachorra porque disse uma palavra contra o Padre Cícero Romão Batista" (Fortaleza, Ceará, em 26-6-36). Outros detalham milagres, viagens, esmolas, caridades, conselhos, missões, prodígios, sua última moléstia, agonia, morte, enterro, aparições, avisos, sonhos, profecias.

Sem sua presença os romeiros continuam visitando o "santo Juazeiro", impregnando-se do santo entusiasmo. Nos versos biográficos de Virgolino Ferreira, o sinistro Lampião, vê-se que:

Lampeão desde esse dia
Jurou vingar-se também,
Dizendo – foi inimigo
Mato, não pergunto a quem...
Só respeito nesse mundo
Pade Cisso e mais ninguém...

As mais estranhas notícias correm entre a população crédula. A invocação de Cristo-Rei, propagada pelo Papa Pio XI, a carta-encíclica "QUAS PRIMAS", de 11 de dezembro de 1925, encontrou uma oposição que está cedendo graças ao contínuo martelar de explicações. Com misturas do Apocalipse e da Missão Abreviada, os cantadores fiéis ao Juazeiro desenvolveram uma campanha tremenda contra Cristo-Rei que eles denunciavam como "falso-Cristo". Um folheto de A. Correia de Araújo, do Juazeiro, em dois fascículos, se intitula: – "O aviso do advogado da religião contra a vinda do Ante-Cristo". Diz que os *cães* (demônios) escolheram o nome de "Cristo-Rei" para melhor e mais rápida perdição dos católicos.

Todos os cães se reuniram
fizeram uma eleição,
formaram de Lúcifer,
um rei pra toda nação.
Deixou a triste enxovia
para ver se assim podia
laçar a todo cristão

Atitularam o maioral
com o nome de Cristo-Rei!...
etc., etc.

Ultimamente a memória do Padre Cícero ergue a suprema ameaça de outro Canudos. Um "beato" de nome José Lourenço, negro sexagenário, atlético, libidinoso e cheio de imaginação, fundou a "Ordem dos Penitentes". Centenas e centenas de homens, mulheres e crianças vivem em pleno regime comunista, vestindo luto perpétuo pelo Padre Cícero e cercando José Lourenço das prerrogativas de santidade.

A horda foi dispersada mas, dezembro de 1937, já se agrupa noutras regiões, fronteiras do Rio Grande do Norte, reunindo fanáticos de seis Estados. José Lourenço confia que a tolerância do Governo Federal revele um outro Euclides da Cunha para o registo trágico da repressão desapiedada.

Maiores detalhes sobre o tema deste capítulo, com exemplos e citação de fontes, você encontra em *Vaqueiros e cantadores* (São Paulo; Global Editora), nas páginas 142 a 154.

Louvor e deslouvor das damas

No cancioneiro de Garcia de Rezende o poeta incluiu vinte e quatro oitavas em louvor e deslouvor das Damas. No sertão, o folclore poético regista muitíssimo mais deslouvor que gabos femininos. Raros versos, como estes de João Martins de Ataíde, entoam loas:

> Qualquer um religioso
> querendo experimentar
> fazer uma procissão,
> sem a mulher ajudar,
> chegando em mei-do-caminho
> o santo fica sozinho
> sem ter quem o carregar.

> A mulher indo pro meio,
> como está acostumada,
> anima-se o povo todo,
> aí não falta mais nada...
> Da minha parte eu garanto
> que o povo carrega um santo
> que pesa uma tonelada!...

A igualdade dos sexos é assim explicada por Anselmo Vieira:

Não quis tirá da cabeça
pra mais alta não ficá,
nem também tirou dos pés
mode não a rebaixar;
Foi mió tirar do meio
pra todos dois igualá.

Defendem as mulheres de trabalho, atacando os "chopins", os maridos de professoras, os homens casados sem profissão certa e conhecida.

1

Outrora a mulher casava
para o homem sustentar...
Hoje, uma que se case
vá disposta a trabalhar.
Se for moça preguiçosa
fica velha sem casar.

2

Há homens que hoje vivem
do trabalho da mulher,
embora que ele só faça
aquilo que ela quiser...
Há de carregar no quarto
os filhos que ela tiver....

3

Os homens de hoje só querem
mulher para trabalhar...
A mulher da casa é ele,
faz tudo qu'ela ordenar.
Para ser ama de leite
só falta dar de mamar!

Leandro Gomes de Barros assim descreve os conselhos de uma mãe a sua recém-casada filha.

Esta recomenda à filha:

1

– Você não confie na sorte,
não consinta seu marido
calar-lhe o pé no congote;
Seu Pai era um perigoso,
Tão ciumento e maldoso
como um lobo carniceiro,
veio a mim, eu fui a ele,
fiz rédeas das barbas dele,
está manso como um cordeiro.

2

Quando a moça é doméstica,
diz a velha: tu és mole,
vejas não te arrependas,
quando ninguém te console;
O Homem é como o gato,
deita-se ao formar o salto
para o rato não fugir,
e com esta macieza,
crava-lhe as unhas e a presa
e trata de o consumir...

Moços e velhos, todos os cantadores são saudosos dos tempos passados e para o Passado dirigem as melhores lembranças. Recordam, como se tivessem vivido há cem anos, cenas da simplicidade longínqua, o respeito dos filhos, a veneração da esposa, a candidez das filhas. João Martins de Ataíde ataca horrorizado as modas modernas, uma poesia extensa e indignada:

As senhoritas de agora
é certo o que o povo diz,
não há vivente no mundo
de sorte tão infeliz;
Vê-se uma mulher raspada,
não se sabe se é casada,
se é donzela ou meretriz...

Traz a cabeça pelada,
bem raspadinho o cangote.
O vestido qu'ela usa
tem três palmos de decote,
sendo de frente ou de banda,
vê-se bem quando ela anda,
o seio dando pinote...

Veja alguém como ficava
onde esta moça passou,
lhe diziam: – Faz que olha!...
Porém ela não olhou.
Deu desgosto a muita gente
mas ela ficou contente
pois o que tinha mostrou.

Mostrou os seios bem alvos,
fez o povo estremecer.
O sovaquinho raspado
para o suor não arder.
Mostrou as pernas também,
e para o que conhece bem
nada mais tinha o que ver.

Muitas moças da elite
por onde elas vão passando,
encontram um homem vexado,
ele para e fica olhando...
Olhando por desaforo,
a roupa ligada ao couro
com as carnes balançando.

Quando ela sai a passeio,
não usa dizer pra onde...
Se a viagem é prolongada
precisa tomar um bonde,
cousa que a gente ignora,
fica do lado de fora,
que o vestido não esconde...

A violência com que o cantador vitupera os hábitos atuais indica a idade de sua formação mental. Versos, rimas, imagens, ritmos, tudo lhe veio de cem anos e ele conserva, respeitoso e deliciado, o ambiente imóvel onde julga viver a perfeição e a alegria para sempre perdidas.

Nos primeiros anos de sua vida criminosa, Virgolino Ferreira da Silva, o Capitão Lampião, mandava surrar todas as moças que encontrava [com os cabelos cortados] à *"la garçonne"*.

Hoje está habituado. Sua companheira, "Maria do Capitão", é inseparável duma "Gilette".

---

* O cangaceiro Lampião, sua companheira "Maria Bonita" e o grupo foram mortos num assalto feito pela Polícia alagoana na Fazenda Angico, Município de Porto da Folha, Sergipe, a 28 de julho de 1938.

Maiores detalhes sobre o tema deste capítulo, com exemplos e citação de fontes, você encontra em *Vaqueiros e cantadores* (São Paulo; Global Editora), nas páginas 155 a 157.

O cangaceiro

O sertanejo não admira o criminoso mas o homem valente. Sua formação psicológica o predispõe para isso. Durante séculos, enquistado e distante das regiões policiadas e regulares, o sertão viveu por si mesmo, com seus chefes e milicianos.

As primeiras sesmarias, no longínquo século XVII, trouxeram o sesmeiro com seus trabalhadores que eram, nos momentos em que a indiada assaltava, homens de armas. Os mais ricos deram os sargentos-mores, os capitães--mores das ribeiras, títulos honoríficos mas de ação moral segura para a disciplina da região. Os fazendeiros tiveram necessidade de tropa pessoal, fiel e paga, para a defesa de propriedades visadas pelos adversários políticos.

A justiça, cara, lenta e rara, era vantajosamente substituída pelo trabuco, numa sentença definitiva e que passava em julgado sem intimação do procurador-geral. Abria ensancha a uma série de lutas ferozes, de geração a geração, abatendo-se homem como quem caça nambus.

Das emboscadas, tiroteios, duelos de corpo a corpo, assaltos imprevistos nas fazendas que se defendiam como castelos, batalhas furiosas de todo um bando contra um inimigo solitário e orgulhoso em seu destemor agressivo, nasciam os registos poéticos, as gestas da coragem bárbara, sanguinária e anônima.

Para que a valentia justifique ainda melhor a aura popular na poética é preciso a existência do fator moral. Todos os cangaceiros são dados inicialmente como vítimas da injustiça. Seus pais foram mortos e a Justiça não puniu os responsáveis. A não existência desse elemento arreda da popularidade o nome do valente. Seria um criminoso sem simpatia.

O sertão indistingue o cangaceiro do homem valente. Para ele, a função criminosa é acidental. Raramente sentimos, nos versos entusiastas, um vislumbre de crítica ou de reproche à selvageria do assassino.

O essencial é a coragem pessoal, o desassombro, a afoiteza, o arrojo de medir-se imediatamente contra um ou contra vinte. Outra não é a fonte das gestas medievais e nos povos do Oriente.

Os árabes fazem, é verdade, uma distinção curiosa. Tem o "siret el Modschaheddin", o canto das façanhas dos guerreiros, e o "siret el Bechluwan", o canto das aventuras dos heróis. No primeiro pode-se cantar o cangaceiro nordestino. No segundo reserva-se para o Siegfried valoroso e são.

Essa poética guerreira e valorizadora do homem valente, do sem-lei, está em todos os povos. Vive na Inglaterra com Robin Hood, na França com Pierre de la Brosse, "seigner" de Langeais, na Itália com Gasparone, com Bonnacchocia, com Nino Martino, com o napolitano Perella, o corso Romanetti cujo enterro, em Ajaccio, a 29 de maio de 1926, foi acompanhado por 30.000 pessoas e a polícia teve de ser recolhida, "por precaução", aos quartéis, para evitar "conflitos com o Povo" (Gustavo Barroso, "Almas de Lama e de Aço", p. 110).

[...]

Como o cangaceiro é a representação imediata da coragem, o sertanejo ama seguir-lhe a vida aventurosa, cantando-as em versos:

>Criando Deus o Brasil,
>desde o Rio de Janeiro,
>fez logo presente dele
>ao que fosse mais ligeiro:
>O Sul é para o Exército!
>O Norte é pra Cangaceiro!...

Antônio Silvino, o "Rei do Sertão", durante vinte anos de domínio absoluto, era tido pelos cantadores como um ser infeliz, obrigado a viver errante por ter vingado a morte de seu Pai.

>Eu tinha quatorze anos,
>quando mataram meu pai.
>Eu mandei dizer ao cabra:
>Se apronte que você vai...
>Se esconda até no inferno
>de lá mesmo você sai...

Foi aí que resolvi
este viver infeliz.
Olhei para o rifle e disse:
– Você será meu juiz.
Disse ao punhal: – com você
eu represento o país!

Com quinze anos eu fui
cercado a primeira vez,
vinham quatorze paisanos
desses inda matei seis...
De dez soldados que vinham
apenas correram três...

Para Virgolino Ferreira da Silva, o Lampião, a história é a mesma:

Assim como sucedeu
ao grande Antônio Silvino,
sucedeu da mesma forma
com Lampeão Virgolino,
que abraçou o cangaço
forçado pelo destino...

Por que no ano de Vinte
seu Pai fora assassinado
da rua da Mata Grande
duas léguas arredado...
Sendo a força de Polícia
Autora deste atentado...

Lampeão desde esse dia
jurou vingar-se também,
dizendo: – foi inimigo,
mato, não pergunto a quem...
Só respeito neste mundo
Padre Cisso e mais ninguém!...

A exaltação dos cantadores pelas façanhas de Antônio Silvino chegara
ao delírio. Subia das gargantas um hino áspero, selvagem e tremendo de
glória rude, tempestuosa e primitiva.

Cai uma banda do céu,
seca uma parte do mar,
o purgatório resfria,
vê-se o inferno abalar...
As almas deixam o degredo,
corre o Diabo com medo,
o Céu Deus manda trancar!

Admira todo o mundo
quando eu passo em um lugar.
Os matos afastam os ramos,
deixa o vento de soprar,
se perfilam os passarinhos,
os montes dizem aos caminhos:
– Deixai Silvino passar!...

Assim mesmo inda há lugar
que eu passando tocam hino,
o preto pergunta ao branco,
pergunta o homem ao menino:
– Quem é aquele que passa?
E responde o povo em massa:
– Não é Antônio Silvino?

Pergunta o vale ao outeiro
o ima à exalação,
o vento pergunta à terra,
e a brisa ao furacão,
respondem todos em coro:
– Esse é o Rifle de Ouro,
Governador do Sertão!...

E o Lampião afirma, nos versos que lhe são continuamente dedicados:

O cangaceiro valente
nunca se rende a soldado,
melhor é morrer de bala,
com o corpo cravejado,

do que render-se à prisão,
para descer do sertão
preso e desmoralizado...

E da justiça canhestra de que o sertão se queixava, dizia Antônio Silvino ter encontrado fórmula mais lógica e sumária:

No bacamarte eu achei
leis que decidem questão,
que fazem melhor processo
do que qualquer escrivão.
As balas eram o soldados
com que eu fazia prisão.

Minha justiça era reta
para qualquer criatura,
sempre prendi os meus réus
numa cadeia segura,
pois nunca se viu ninguém
fugir duma sepultura...

Preso a 28 de novembro de 1914, Antônio Silvino aprendeu a ler na Penitenciária de Recife. Educou os filhos. Um é oficial do Exército. Afável e simples, o "Rifle de Ouro" tornou-se um homem digno da viva simpatia que o cercou. O Governo Federal indultou-o e, a 19 de fevereiro de 1937, o "Rei do Sertão", velho, encanecido, risonho, mas impassível, deixou a prisão. Herda-lhe a fama o sinistro Lampião, cangaceiro sem as tradições da valentia pessoal, de respeito às famílias que sempre foram apanágios do velho Silvino.

A gesta do Cangaceiro faz ressaltar as grandes e pequenas figuras do "cangaço". Desde o negro Vicente que confessava:

Eu sou negro ignorante
só aprendi a matar,
fazer a ponta da faca,
limpar rifle e disparar,
só sei fazer pontaria
e ver o *bruto* embolar

até os bandidos famosos, de valentia louca e não menor arrogância.

Cirino Guabiraba, da Serra do Teixeira, Paraíba, sabendo que ia ser cercado por dez homens comandados pelo delegado Liberato, disse sorrindo:

– Com isso eu não tomo abalo,
dez homens contra mim só
são dez pintos contra um galo,
para eu matar eles todos,
basta os cascos do cavalo!...

E morreu em luta, um contra dez, arrancando os intestinos varados a bala de latão e chumbo grosso. Seu irmão, João Guabirada, numa luta corpo a corpo com um soldado, conseguiu morder o adversário no pescoço. Crivaram-no de facadas mas o Guabiraba faleceu com os dentes na garganta do inimigo.

Esse tal João Guabiraba,
no dia que foi cercado,
pôde cravar duas presas
na garganta de um soldado.
Fez tanta força nos queixos
morreu e ficou pegado!

O sertão guarda a lembrança dessas dinastias de facínoras, heróis e bandidos, e deles evocava o cantador José Patrício a ausência nas grandes feiras tumultuosas do interior paraibano:

Então, me diga onde estão
os valentões do Teixeira?
Onde estão os Guabirabas?
Brilhantes, de Cajazeiras?
Aonde vivem estes homens
que eu não os vejo na feira?

E como o sertanejo deduz de toda luta um aspecto moral, um direito preterido, um patrimônio violado, os poetas populares dizem que é o desrespeito às minorias, que nunca se fizeram sentir ante a arbitrariedade dos governadores, um dos motivos da eterna guerra:

Este governo atual
julga que a oposição
não tem direito ao Brasil,
pertence a outra nação...
Devido a isso é que o rifle
tem governado o sertão!...

E os cangaceiros convencem-se de seu papel de justiça social, defendendo pobres e tomando dinheiro aos ricos. Lampião confessa:

Porém antes de eu ser preso,
hei de mostrar o que faço,
dar surra em cabra ruim
roubar de quem for ricaço.
Só consinto em me pegar
no dia em que alguém pisar
em cima do meu cangaço...

Quando Antônio Silvino percorria o Nordeste com seu bando, os cantadores aludiam, com uma naturalidade espontânea, ao seu "serviço" social:

O forte bate no fraco,
o grande no pequenino,
uns valem do Governo,
outros de Antônio Silvino.
O rifle ali não esfria
sacristão não larga sino...

A gesta é uma poesia de ação. De luta e de movimento. Não há a sensação da paisagem, da natureza e do cenário. Verso descrevendo esses elementos denuncia inteligência semiletrada e nunca a produção se destina aos lábios dos cantadores. Os cangaceiros são as figuras anormais que reúnem predicados simpáticos ao sertão. A coragem, a tenacidade, a inteligência, a força, a resistência. Não são os cangaceiros uma organização técnica como os *gangsters* norte-americanos, financiando eleições, dirigindo imprensa e tendo biografias escritas por nomes ilustres. Nenhum Lampião se pode medir com a grandeza econômica e política dum Al Capone, dum Dillinger, dum Diamont, donos de palácios, iates, "vilas" maravilhosas e mulheres ainda mais maravilhosas. Os cangaceiros são a horda brava e rude, cavalaria frenética e primitiva até no processo de matar:

Já ensinei aos meus cabras
a comer de mês em mês.
Beber água por semente
Dormir no ano uma vez...
Atirar em um soldado
e derrubar dezesseis!

Quando Lampião atacou Mossoró, em 13 de junho de 1927, os cangaceiros viajavam a cavalo. Uma cavalaria de Hunos, descrita por Marcel Brion em sua biografia de Átila, estaria magnificamente evocada. Galopavam cantando, berrando, uivando, disparando fuzis, guinchando, tocando os mais disparatados instrumentos, desafiando todos os elementos. Derredor os animais despertavam espavoridos. Galos cantavam, jumentos zurravam, o gado fugia. Neste ambiente de tempestade a coluna sinistra voava, derrubando mato, matando quem encontrava, alumiando, com os fogos da depredação inútil, sua caminhada fantástica. Mossoró defendeu-se furiosamente. Deixaram que Lampião entrasse no âmbito da segunda cidade do Estado e tiroteasse dentro das ruas iluminadas a luz elétrica e povoadas de residências modernas. Indicaram-me, no "Alto da Conceição", onde os primeiros cangaceiros surgiram, cantando "Mulher Rendeira"...

No Cemitério de Mossoró vi as pequenas covas de Jararaca e Colchete, tombados no ataque. Colchete morreu logo. Trazia "várias orações e medalhas ao pescoço e uma efígie do Padre Cícero. Nos pés, meias de seda. Jararaca ainda durou vários dias, ferido de morte, acuado como uma fera entre caçadores, impassível no sofrimento, imperturbável na humilhação como fora em sua existência aventurosa e abjeta. Morreu como vivera – sem medo. Herói-bandido, toda a valentia física e a resistência nervosa da raça preadora de índios e dominadora dos sertões reviviam nele, empoçado de sangue, vencido e semimorto. Aquela força maravilhosa dispersara-se, orientada para o crime, improfícua e perniciosa.

Maiores detalhes sobre o tema deste capítulo, com exemplos e citação de fontes, você encontra em *Vaqueiros e cantadores* (São Paulo; Global Editora), nas páginas 166 a 172.

O cantador e a cantoria

O cantador

Que é o Cantador?
[...]
É o registo, a memória viva, o Olám dos etruscos, a voz da multidão silenciosa, a presença do Passado, o vestígio das emoções anteriores, a História sonora e humilde dos que não têm história. É o testemunho, o depoimento.

Ele, analfabeto e bronco, arranhando a viola primitiva, pobre de melodia e de efeito musical, repete, através das idades, a orgulhosa afirmativa do "velho" no poema de Gonçalves Dias: – "Meninos, eu vi...".
[...]
Os dois mais celebrados e gloriosos poetas e cantores árabes foram Mualammes e seu sobrinho Tarafa. Ambos, protegidos pelo sultão de Hira, desgostaram-no pelas sátiras impensadamente feitas e comunicadas ao soberano. Para desfazer-se deles, o sultão mandou-os a um seu amigo, rei em Bachreim, a oeste do Golfo Pérsico, com cartas que ordenavam a morte imediata dos portadores. As duas glórias não sabiam ler.

> hablar y cantar sabian:
> sus discursos y canciones
> se conservan todavia;
> mas ni el arte de leer
> nil el de escribir conocian.

Assim, os grandes cantadores nordestinos de outrora eram analfabetos. A percentagem hoje [1937] é inferior a 20%. Também a "cantoria" não se pode comparar em força, agressividade e arrojo, com a dos outros tempos. Não saber ler dispensava justificação e constituía ainda um elemento de prosápia:

Inda eu caindo dos quartos,
fico seguro das mão...
Trato bem pra ser tratado,
Carrego esta opinião!
Embora sem saber ler,
Governo todo o sertão!...

Curiosa é a figura do cantador. Tem ele todo orgulho do seu estado. Sabe que é uma marca de superioridade ambiental, um sinal de elevação, de supremacia, de predomínio. Paupérrimo, andrajoso, semifaminto, errante, ostenta, num diapasão de consciente prestígio, os valores da inteligência inculta e brava mas senhora de si, reverenciada e dominadora.

São pequenos plantadores, donos de fazendolas, por *meia* com o fazendeiro, mendigos, cegos, aleijados, que nunca recusam desafio, vindo de longe ou feito de perto. Não podem resistir à sugestão poderosa do canto, da luta, da exibição intelectual ante um público rústico, entusiasta e arrebatado. Caminham léguas e léguas, a viola ou a rabeca dentro de um saco encardido, às vezes cavalgando animal emprestado, de outras feitas a pé, ruminando o debate, preparando perguntas, dispondo a memória. São cavaleiros andantes que nenhum Cervantes desmoralizou.

Os que têm meios de vida, afora a cantoria, tudo abandonam para entestar com um adversário famoso.

Eu, no inverno estou na enxada,
na seca, estou na viola!
No inverno, vivo dos braços.
Na seca, vivo da *bola*...

Bola é cabeça, tino, inteligência. É uma quadra, da coleção Leonardo Mota, que fotografa a vida de uma grande percentagem de cantadores.

A quadra citada é do cantador Asa Branca.

Nada compensaria sua ausência da pugna assim como a recompensa material é sempre inferior às alegrias inferiores do batalhador. Deixam o roçado, a miunça, a casinha, e lá se vão palmilhando o sertão ardente, procurando aventuras. Doutra forma não eram Amadis de Gaula, Palmeirim da Inglaterra, os cavaleiros da Távola Redonda, os do Santo Graal, caçadores de duelos, defensores dos fracos, vencedores de gigantes e de anãos mágicos.

Dessas *tournées* ficam os versos celebrando os combates e a fama derramada nas regiões atravessadas, teatro da luta ou da derrota imprevista. [...]

Admirável é que o tempo não lhes vença o ânimo nem apouque a admiração do povo. Continuam como eram. Agora em menor porção mas sempre queridos, cercados, cantando valentias, passando fome, vendendo folhetos, sonhando batalhas. Seu público não mudou. É o mesmo. Vaqueiros, mascates, comboieiros, trabalhadores de eito, meninada sem profissão certa e que trabalha em tudo, mulheres. Nas feiras são indispensáveis. Rodeados como os camelôs nas cidades, de longe ouvimos a voz roufenha, áspera, gritante. Nos intervalos, o canto chorado da viola, acompanhadeira. Perto, cem olhos se abrem, contentes de ver mentalmente o velho cenário combativo de seus avós. Ninguém interrompe. Não há insulto, pilhéria, a pilhéria dos rapazes espirituosos das capitais. Há silêncio e ouvida atenta.

Os cegos são acompanhados pelas esposas ou filhos. Ficam a noite inteira, impassíveis, imóveis, ouvindo a voz familiar e querida no aceso dos "martelos", guerreando. Nenhum vitupério, por mais reboante e feliz, despertando a gargalhada em toda multidão, diminui a confiança na vitória do ente afetuoso e amado que eles seguem, protegendo e sendo protegidos. Anos e anos depois a cantoria possui mais um fiel. A voz paterna, emudecida na morte, ecoa nos lábios filiais, numa homenagem de saudade:

> Eu aqui sou Josué,
> filho do grande Romano,
> foi o maior cantor
> que teve o gênero humano,
> tinha a ciência da abelha
> e a força do oceano...

E uma noite, em casa do Dr. Samuel Hardmann, Secretário da Agricultura em Pernambuco, ouvi um cantador negro, alto, seco, espigado, sereno. Minutos antes de iniciar um "romance" para um auditório ilustre, informou, como um Rei d'Armas diria os nomes infindáveis dum Herdeiro de Trono: *eu sou João da Catingueira, filho de Inaço da Catingueira, o grande cantador...*

E todos nós compreendemos e sentimos aquele manso orgulho obstinado.

Os versos mais felizes são conservados na memória coletiva. Essa literatura oral é riquíssima. Vezes é uma solfa secular que se mantém quase

pura. Noutra, a linha do tema melódico se desfigurou, acrescida de valores novos e amalgamado com trechos truncados de óperas, de missas, de "baianos" esquecidos, do tempo em que vintém era dinheiro. Como para o "payador" argentino Santos Vega, a tradição oral guarda as obras que não foram impressas e elas vivem perpetuamente no idioma popular.

Aplicar-se-ão fielmente a qualquer dos nossos cantadores os versos de Bartolomeu Mitre, cantando Santos Vega:

Santos Vega, tus cantares
No te han dado excelsa gloria,
Mas viven en la memoria
De la turba popular;
Y sin tinta ni papel
Que los salve del olvido,
De padre a hijo han venido
Por la tradición oral!

....

Que te importa, si en el mundo
Tu fama no se progona,
Con la rústica corona
Del poeta popular?
Y es más difícil que en bronce,
En el mármol o granito,
Haber sus obras escrito
En la memoria tenaz.

....

Cantando de *pago* en *pago*,
Y venciendo payadores,
Entre todos los cantores
Fuiste aclamado el mejor;
Pero al fin caiste vencido
En un duelo de armonias,
Después de payar dos dias;
Y moriste de dolor...

O cantador sente o destino sagrado, a predestinação, o selo que o diversifica de todos. Só as derrotas o fazem recuar para a sombra. Envelhece lutando. Todos estão convencidos que a fama imorredoura haloar-lhes-á o nome. Não há melhor título nem mais alta indicação que citar a profissão maravilhosa. Curiosamente, é raro o cantador que tem boa voz.

[...]

Nenhuma sonoridade. Nenhuma delicadeza. Nenhuma nuança. Ausência de tons graves. O cantador, como o rapsodo, canta acima do tom em que seu instrumento está afinado. Abusa dos agudos.

É uma voz dura, sem floreios, sem suavidade. Cantam soltamente, quase gritando, as veias entumecidas pelo esforço, os olhos fixos para não perder o compasso, não o compasso musical que para eles é quase sem valor, mas a cadência do verso, o ritmo, que é tudo.

Maiores detalhes sobre o tema deste capítulo, com exemplos e citação de fontes, você encontra em *Vaqueiros e cantadores* (São Paulo; Global Editora), nas páginas 128 a 138.

Louvação

As trovas de louvor são conhecidas em todos os cancioneiros. De louvor ou deslouvor Garcia de Resende escreveu e recitou-as na corte. Não havia, outrora, festa sertaneja sem um par de cantadores para a *louvação*. Casamento, batizado, chegada, apartação, o cantador tinha que brindar donos e donas de casa, descrevendo virtudes existentes ou imaginárias.

Dois exemplos de louvação (colhidos por Leo Mota)

Meu amo, dono da casa,
eu vou louvá o senhô;
um moço assim que nem vós
é pra subi num andô,
pr'onde não vente nem chova,
nem faça frio nem calô,
juntim de Nossa Senhora,
pertim de Nosso Senhô!
Escute, me dê licença,
pelo leite que mamou,
se lembre dos nove mês
que sua mãe lhe carregou,
foram nove mês de ventre,
foram nove mês de dô!
e afinal, um belo dia,
a partera lhe pegou;
segurou c'as duas mão,
c'as duas mão segurou;
numa bacia de prata,

com cuidado lhe banhou,
Numa toaia de renda
com cuidado lhe enrolou,
e um barretim enfeitado
na cabeça lhe amarrou;
Vamicê tava chorando,
sua mãe lhe acalentou;
o punho de sua rede
ela mesma balançou;
cantando uma cantiguinha:
– ti-ri-lá-ti-ri-lô-lô.
Agora vós, que sois home,
pague o tributo de amô
a quem o seu nascimento
nesta viola cantou,
e está reinando cantá
tronco, rama, fruita e flô!...
Lovo isso e lovo aquilo,
eu lovo e torno a louvá;
Agora pergunte a ela
se tá direito ou não tá!...

Vou lová sua esposa
da cabeça ao calcanhá;
lovo mão e lovo dedo,
lovo braço e lovo pá;
ao despois lovo a cabeça,
cabelo de penteá;
ao despois a sobranceia,
lindos oios de enxergá;
ao despois mimosa boca
e os dentes de mastigá;
ao despois o pescocinho
que é quem confeita o colá;
e lovo até o joeio
qu'é dela se ajoeiá,
quando chega nas Igreja
fazendo o pelo-siná,
passando o dedo na testa

mode o Cão não atentá;
Lovo a botinha do pé,
Lovo as meia de calçá,
O jeito da criatura
Quando sai pra caminhá,
Tão bonita e tão faceira,
Pra seu marido espiá...

Louvação de batizado:

Vou louvá este menino
que acaba de chegá,
Ele veio lá do céu
pra toda terra alegrá.
Vivê no meio do ouro
e o ouro não mareá;
brincar com pedra de prata
e ela não embaçá;
crescer como pé de pau,
ser tão rico como o Má,
ter mil cavalo de sela
e neles todo montá,
não conhecer inimigo
nem com eles se avistá,
ter saúde de pau-ferro
e força de marruá,
ser destro como Roldão
e pra doutor estudá;
Poder em todo sertão,
em todo o sertão mandá;
Deus primita qu'ele seja
O dono deste lugá!...

Não me foi possível conseguir cópia das velhas "louvações de boda". Lembro-me ainda ter assistido, menino, antes da ceia dos recém-casados, os dois cantadores se ergueram, como num cerimonial, e pediram a presença dos Noivos. Estes vieram ao salão, repleto de amigos. Os cantadores curvaram-se e cada um depôs seu instrumento aos pés dos desposados,

suprema homenagem, oferecimento das honras da noite artística. Os nubentes levantaram a viola e a rabeca e entregaram aos cantadores. Estes, de pé, um de cada vez, cantaram a louvação. Era no mesmo estilo das que citei anteriormente, mas lembravam obrigações e direitos, cenas da vida futura, lutas e alegrias que iam sofrer em comum. Aquela cena ficou-me na memória, com as cores que a saudade traz: era como um código de honestidade, simples e rude, entoado pelas vozes másculas e autoritárias que evocam, naquela hora de ebriedade, o mundo que ia surgir para ambos, numa continuidade de sonho e de batalha na herança das velhas famílias sertanejas que também tinham sido louvadas em minuto igual. Havia qualquer coisa de religioso, de primitivamente sadio, espontâneo, natural e comovente.

Meus pais, que casaram em outubro de 1888, numa fazenda, ainda tiveram uma louvação simbólica, tradicional, ouvida em silêncio e respeito, cantada pelos dois menestréis analfabetos e comovidos, de pé, como anunciadores de felicidade, reis d'armas esfarrapados que pregoavam a eternidade soberana do amor conjugal.

Maiores detalhes sobre o tema deste capítulo, com exemplos e citação de fontes, você encontra em *Vaqueiros e cantadores* (São Paulo; Global Editora), nas páginas 138 a 141.

A Cantoria

A cantoria sertaneja é o conjunto de regras, de estilos e de tradições que regem a profissão de cantador. Há o cantador, sempre tocando instrumentos, e o glosador, poeta-glosador, que pode ser também um cantador ou apenas improvisar. Um conhecedor do assunto, Francisco das Chagas Batista, grande autor de folhetos, falecido em 1929, ensinava que *o glosador inspira-se bebendo cachaça, como o cantador inspira-se tocando viola*.

> Meu amo, meu camarada,
> agora vou lhe dizer:
> Carro não anda sem boi
> nem eu canto sem beber!

A supremacia está, naturalmente, nos cantadores.

Vivem de feira em feira, cantando sozinhos os romances amorosos ou as aventuras de Antônio Silvino e Virgolino Lampião. Vez por outra deparam um antagonista, oficial do mesmo ofício. Não entram imediatamente em debate porque o rendimento seria mínimo. Procuram interessar alguém para arranjar-lhes uma sala, convidam o povo, despertam a curiosidade.

Na hora aprazada, iniciam a peleja, designação clássica para esses duelos poéticos. Vencedor ou vencido, o dividendo é de 50%. Não há, como no "boxe", uma "bolsa" para o combatente mais célebre. A notoriedade dos cantadores está sempre dependendo do último encontro. Uma fama de vinte anos desaparece em trinta minutos de "martelo".

Alguns cantadores escrevem, ou fazem escrever, os melhores versos compostos. Mandam imprimir e saem vendendo. O preço oscila entre 500 réis e 2$, os mais caros folhetos. Muitos não mandam imprimir para vender. Chamam "imprimir e vender", *soltar*. Serrador dizia a Leonardo Mota:

"Eu faço romance em verso, mas não solto senão perde a graça"...

Natural é que os melhores versos nas velhíssimas pelejas se hajam perdido. Algumas imagens felizes ficaram na memória e os autores populares completam as falhas, escrevendo novos versos, moldados no espírito dos antigos. Assim os encontros de Inácio da Catingueira com Romano do Teixeira, de Bernardo Nogueira com Preto Limão, têm várias versões. Leandro Gomes de Barros, Germano da Lagoa, Francisco das Chagas Batista, João Martins de Ataíde foram grandes aproveitadores desses temas.

Nas festas religiosas ainda é fácil encontrar-se um cantador, cercado de curiosos, historiando as guerras de Carlos Magno ou a lenda de Pedro Cem. Junto, em cima duma esteirinha, está um pires para as moedinhas. Às vezes o cantador é cego. Traz a mulher como guia e vigilante testemunha. Horas e horas passa ela acocorada, imóvel, olhos baixos, esperando o fim do trabalho.

Em Acari, durante meia noite, via a figura melancólica de um cego, tocador de harmonia, narrando os romances de Garcia ou o ataque de Lampião a Mossoró. Junto, enrolada numa velha colcha desbotada, hirta, espectral, completamente imóvel, sem o menor som, sem um mais leve sinal de vida, a cabeça curvada como escondida, a mulher fazia sentinela ao pobre mendigo que cantava heroísmos, arrancadas, vida livre, afoita e largada, pelo mundo...

Dois cantadores juntos podem cantar a noite inteira sem que se duelem. Cantam romances, xácaras dispersas, descrições da natureza, quadros da existência sertaneja, episódios das lutas do sertão, a luta de cangaceiros com a polícia, sátiras, etc. Só não cantam o que vemos facilmente no litoral, o *coco*, a *embolada* ligeira, repinicada, atordoadora. A maior homenagem dos cantadores é depor o instrumento aos pés da pessoa escolhida. Manda a praxe restituí-lo com um "agrado". Segue-se ritualmente um agradecimento. Só usam a louvação quando não fazem a mesura de entregar as violas ou rabecas.

Quando não querem mais cantar, vencidos ou acanhados pela presença dum grande cantador famoso, "emborcam" os instrumentos. Firino de Góis Jurema, avistando Hugolino do Teixeira, emborcou a viola com que estava triunfando. *Emborcar a viola* durante a cantoria é confessar-se vencido. E com certas restrições pejorativas quanto ao mérito pessoal. Emborcar a viola porque está ou chegou pessoa de merecimento, é homenagem, respeito, timidez.

Se a cantoria acaba com uma briga, pela virulência dos apodos, ganhará moralmente aquele que cantou o último verso, sinal que seu antagonista não pôde responder e recorreu às "vias de fato".

Perde aquele que não cantar logo após seu adversário ter terminado o *rojão*, o *baião* antigo, um breve repinicado de viola. Também é lei que não se mude de modelo na cantoria sem avisar o companheiro de que vai fazer. Cantando em sextilhas, o cantador informa que seguintemente cantará "martelo" e deve ser o primeiro a iniciar o novo molde. A regra determina que o cantador não pode recusar a cantoria em nenhum dos estilos propostos. Claudino Roseira, incontestavelmente vitorioso num encontro com o "cantor do Borborema", João Melquíades Ferreira da Silva, perdeu a "parada" porque não quis acompanhar seu colega num "martelo". José Pretinho, do Piauí, ficou derrotado pelo cego Aderaldo porque não soube desvencilhar-se de um trava-língua: *quem a paca cara compra, cara a paca pagará*, o que não está no feitio natural da cantoria.

[...]

E a duração do combate? Depende da ciência dos combatentes. Cantam algumas horas pelo correr de uma noite. Noutras ocasiões, sabendo da fama dos cantadores, o ambiente predispõe e o embate, espaçado para o breve-alimento ou dormida rápida, leva dias e dias, tomando-se a maior parte da jornada em ouvir o debate.

Vezes é uma vila do interior que suspende quase sua vida social e comercial para ouvir o prélio famoso. Assim na Vila de Patos, Paraíba, em 1870, Inácio da Catingueira e Francisco Romano (Romano do Teixeira), reunidos na Casa do Mercado, lutaram, cantando desafio, durante oito dias. As grandes *payadas de contrapunto* na América espanhola exigem também espaço para o desenvolvimento da batalha. O duelo poético entre Santos Vega e um cantor desconhecido durou três ou quatro noites.

O cantador profissional é relativamente inferior ao sedentário. Outrora, havendo maior entusiasmo e utilidade para a cantoria, viver do canto era comum e economicamente explicado. Hoje, sendo impossível, o cantor profissional vende seus versos já impressos, canta nas feiras e onde é convidado. Alguns são quase mendigos. Claudino Roseira confessava sua ignorância, dizendo-a resultado de sua vida errante:

> Melchide eu já fiz estudo
> não prestei atenção,
> viver muito ocupado

com a viola na mão,
cantando de feira em feira
a fim de ganhar o pão...

Cantando com Francisco Carneiro, Josué Romano confidenciou:

As vez, o jeito que eu tenho
é cantar com quem não presta...
Isso muito me arripuna,
mas a minha vida é esta;
bater bailão de viola
e ganhar dinheiro em festa.

[...]
Em Paraú, eu era menino, um cantador ouviu religiosamente as respostas, um pouco imaginárias, que lhe dei sobre a origem da chuva, das nuvens, porque as estrelas não caem do céu, de onde vem o vento e para onde vai, etc.

[..]
São afirmativas infantis para os nossos cantadores. Inácio da Catingueira e Romano do Teixeira trocaram as seguintes apresentações:

Inácio da Catingueira,
Escravo de Manuel Luiz,
Tanto corta como risca,
Como sustenta o que diz...
Sou Vigário Capelão
E Sacristão da Matriz...

Este aqui é o Romano,
Dentaria de elefante,
Barbatana de baleia,
Força de trinta gigante,
É ouro que não mareia,
Pedra fina e diamante...

[...]

A cantoria reflete bem esses estados curiosos de hipertensão, de macromegalia espiritual. Malvestidos e alimentados, cantando noites inteiras por uma insignificância, cantadores apregoavam riquezas, glórias, forças, palácios, montões de pradarias, servos, cavalariças, conforto, requintes, armas custosas, vitórias incessantes. E, às vezes, estão passando fome...

Maiores detalhes sobre o tema deste capítulo, com exemplos e citação de fontes, você encontra em *Vaqueiros e cantadores* (São Paulo; Global Editora), nas páginas 173 a 179.

O desafio

O velho Manuel Romualdo da Costa Manduri, de Patos, na Paraíba, dizia a Leonardo Mota: *"Antigamente, a gente cantava de quatro pés..."*. Era verdade. Os quatro-pés eram a quadra, de sete sílabas, a mais antiga forma do desafio sertanejo. Os desafios colecionados por A. Americano do Brasil em Mato Grosso e Goiás são todos em quadrinhas. As cantigas de atirar, as desgarradas portuguesas, são em quadrinhas também. Os exemplos apontados nas primeiras achegas do folclore brasileiro foram de quadras, a redondilha-maior de Portugal.

Os "descantes" foram sempre em quadras e assim os lembra a memória coletiva dos barqueiros do São Francisco, dos vaqueiros nordestinos, dos trabalhadores de eito dos engenhos, os banguês de outrora.

Euclides da Cunha registou ("Os sertões", p. 131, Rio de Janeiro, 6ª ed., 1923) ainda o desafio em quadras, modelo comum nos sertões da Bahia.

Enterreiram-se, adversários, dois cantadores rudes. As rimas saltam e casam-se em quadras muita vez belíssimas.

> *Nas horas de Deus, amém,*
> *Não é zombaria, não!*
> *Desafio o mundo inteiro*
> *Pra cantar nesta função!*

O adversário retruca logo, levantando-lhe o último verso da quadra:

> *Pra cantar nesta função,*
> *Amigo meu camarada,*
> *Aceita teu desafio*
> *O fama deste sertão!*

É o começo da luta que só termina quando um dos bardos se engasga numa rima difícil e titubeia, repinicando nervosamente o machete, sob uma avalanche de risos saudando-lhe a derrota...

Euclides chama "machete" ao "cavaquinho" e mesmo a uma viola menor. No Nordeste esse nome não deixou rasto. Conheço-o nas trovas portuguesas:

Hei de ir ao Senhor da Pedra
Co'o meu machete traz-traz,
Procurar as raparigas,
Para mim, que sou rapaz.

Repetir o cantador o último verso do adversário para iniciar sua resposta é uma reminiscência dos trovadores medievais.

[...]

O Sr. Gustavo Barroso cita no "Terra de Sol" (pp. 233-4, Rio de Janeiro, 1921):

Vou fazer-lhe uma pergunta,
Seu cabeça de urupema:
Quero que você me diga
Quantos ovos põe a ema?

Quantos ovos põe a ema?
A ema nunca põe só:
Põe a mãe e põe a filha,
Põe a neta e põe a vó...

Em Mato Grosso e Goiás, A. Americano do Brasil reuniu alguns desafios em quadras, mostrando a primitividade do modelo e a obrigatoriedade da repetição como na secular *canson redonda* dos menestréis:

1

Não tenho roça de mio (milho)
Mas tenho um carro de gaba,
Com cinco juntas de boi
Pra buscar sal no Uberaba.

2

Pra buscar sal no Uberaba
Eu tenho um carro de bode,
Que trouxe a bela morena
Para dançar no pagode...

3

Para dançar no pagode
Na casa aqui do patrão,
Eu vejo a bela moçada
De saia curta e balão.

4

De saia curta e balão,
Eu noto aqui nesta roda,
Muié rastando os tundá
Vestido ao risco da moda.

5

Vestida ao risco da moda
Com a trança grande e cheirosa,
Eu vejo tanta morena
Dançando dança sestrosa...

6

Dançando dança sestrosa,
Enxergo a moça que estimo,
E unhando a corda do pinho
Eu fico bobo e não rimo...

O desafio em sextilhas atual e geralmente usado, apareceu nos últimos anos do século XIX.

[...]

Entre os sentenciados na Penitenciária de Recife, Pereira da Costa recolheu um desafio, anterior a 1900, onde a sextilha é ainda denominada "seis-pés":

Eu não vejo quem afronte
Nestes versos de seis-pés,
Pegue o pinho, companheiro
E canta lá se quisé,
Que eu mordo e belico a isca
Sem cair no gereré...

Deixa dessa palulagem
Que tu só pesca de anzó,
Eu não pesco mas atiro
E não erro um tiro só;
Disparo aqui no Recife,
Mato gente em Cabrobó...

O desafio regular era em quadras e agora é em sextilhas. Mas não é a forma única. Existem outras que só aparecem como exibições de agilidade mental, raramente empregadas e assim mesmo em duelos de pouca duração. Pertencem mais à classe das "curiosidades" que ao molde clássico do desafio.

Há o "Mourão" que também se diz "Trocado". Pode ser de cinco e de sete pés. No segundo, o cantador diz dois versos, seu adversário outros dois e o primeiro fecha-os com três versos finais.

No "mourão" de cinco-pés cada cantador diz um verso e o primeiro termina cantando três.

As fórmulas da disposição da rima são, respectivamente, AABBC e ABABCCB:

1º – Vamo cantá o *moirão*
2º – Prestando toda atenção.
1º – Que o moirão bem estudado
      É obra que faz agrado
      E causa satisfação...

1º – Agora, meu companheiro,
      Vamos cantá um *trocado*...

2° – Pode trazer seu roteiro
Que me encontra perparado...
1° – Em verso não lhe aborreço,
Mas em trocado eu conheço
Quem é que canta emprestado...

A "ligeira" também é cantada como desafio. Cada cantador improvisa dois versos, canta e estribilho "ai, d-a, dá", seu antagonista repete o "ai" e canta dois outros versos, completando o sentido da quadra ou dando resposta. A fórmula é ABCB. Como apenas uma rima é obrigatória, em *a* ou *e*, o verso é rápido mas fica monótono.

1

Ai, d-a dá!
O que é que vai, não chega,
Nunca acaba de chegá?

2

Ai!
É a rede em que me deito
Começo a me balançá...

3

Ai!
Diga uma coisa engraçada
Para este povo mangá...

4

Ai, d-a dá!
Coisa engraçada que eu acho
É dois cegos namorá...

Em Mato Grosso e Goiás a "ligeira" obedece aos mesmos preceitos, substituindo o "ai, d-a, dá" por um "E baliá".

E baliá!
Doutro lado grita gente
Sá Dona manda passá;

E baliá!
E si for bonita eu passo.
Se for feia deixo lá...

No Chile chama-se a "ligeira" *Palla a dos razones*. Júlio Vicunha Cifuentes ("He dicho", p. 64, Santiago, 1926) regista algumas passagens de um *palla a dos razones* entre Clemente Ruiz e José Tejada.

> RUIZ: – Eres un tejo, Tejada,
> Pero yo soy un demonio.
> Tejada: – No importa que seáis el diablo
> me ayudará San Antonio.
> Tejada: – Ya que sois tan caballero,
> dime cómo era tu padre.
> RUIZ: – Si quieres saber cómo era
> pregúntaselo a tu madre.

O "seis por nove" está quase desaparecido e não mais é ouvido nos desafios. Citam apenas estrofes mas não me souberam informar se o "seis por nove" foi tão popular quanto os outros modelos. Era, incontestavelmente, de uso difícil. Constava de nove versos, de sete e de três sílabas. A fórmula era AABCCBDDB. O 1º, 3º, 4º, 6º, 7º e 9º de sete sílabas. O 2º, 5º e 8º de três sílabas. Era verso individual.

> Querendo mudá agora,
> Sem demora
> Noutra obra eu pego e vou!
> O que eu quero é que tu diga
> Que em cantiga Doutô!
> Eu sou formado
> Vamo mudá de toada,
> Camarada,
> Quero vê se és cantadô!...

Havia o refrão:

Um-dois-três!
Vamos ver se você canta
Nove palavras por três!...

No Rio Grande do Sul só conheço desafio em quadras setissílabas, ABCB. No Brasil Central, informa A. Americano do Brasil:

Entre os rimadores goianos, e disso dou completo conheci-mento adiante, há três modalidades de desafio: a simples amostra da fecundidade dos violeiros em rimar, mostrando resistência, pois, não raro, atravessam a noite no curioso torneio; a fórmula clássica do desafio, consistente em receber um dos campeões a deixa do último verso do adversário; e finalmente a composição da quadra ou sextilha pelo mútuo concurso de ambos, pertencen-do metade a cada rimador. Parece-me o último espécime o mais difícil e cheio de imprevistos. ("Cancioneiro de Trovas do Brasil Central" p. XI, São Paulo, 1925).

[...]

No folclore poético sul-americano, pelo que leio no magnífico livro do poeta colombiano Ciro Mendia ("En Torno a la Poesia Popular", Medellin, Colômbia, 1927) a maneira dos *contrapuntos*, correspondentes aos nossos desafios, é idêntica. Em todos os países sul-americanos os *guitarreros* ou *payadores* cantam a trova (quadra) e as sextilhas. Em "trovas":

Arriba mano Manuel,
busté ques tan buena ficha,
bregue a sostener la trova
pa que ganemos la chicha.

Pa que ganemos la chicha
No se necesita tánto,
Canto se me da la gana,
y si no me da, no canto.

E em sextilhas, como os nossos cantadores. Assim El Moreno, argen-tino, responde a Martin Fierro que lhe perguntara o que era a Lei:

La ley es tela de araña,
en mi ignorancia lo explico,
no la tema el hombre rico,
no la tema el que mande,
pues la ruempe el bicho grande
y sólo enrieda a los chicos.

Es la ley como la lluvia
nunca puede ser pareja,
El que la aguanta se queja
pero el asunto es sencillo:
lal ey es como el cuchillo:
no ofiende a quin lo maneja.

A diferença é a existência mais abundante das rimas nos versos da fala castelhana. No Nordeste brasileiro as sextilhas têm apenas rima dos três versos entre si. As fórmulas sul-americanas e brasileira são: ABBCCB e ABCBDB. Como se vê, em ambos os exemplos, o primeiro verso é de rima livre, o que possivelmente denuncie o velho costume da canção redonda medieval.

Maiores detalhes sobre o tema deste capítulo, com exemplos e citação de fontes, você encontra em *Vaqueiros e cantadores* (São Paulo; Global Editora), nas páginas 180 a 185.

Antecedentes

O desafio poético existiu na Grécia como uma disputa entre pastores. Esse duelo, com versos improvisados, chamado pelos romanos *amoeboeum carmen*, dizia em seu próprio enunciado a técnica usada pelos contendores. O canto amebeu era alternado e os interlocutores deviam responder com igual número de versos.

[...]

O canto alternado reaparece na Idade Média, nas lutas dos *Jongleurs, Trouvères, Troubadours, Minnesingers*, na França, Alemanha e Flandres, sob o nome de *tenson* ou de *Jeux-partis*, diálogos contraditórios, declamados com acompanhamento de laúdes ou viola, a viola de arco, avó da rabeca sertaneja. Também a luta se podia dar sem acompanhamento musical.

[...]

O "tenson" significava disputa, combate. O "jeux-partis" seria o "tenson" quando versando sobre objetos amorosos.

[...]

A virulência dos "tensons" era a mesma dos versos satíricos chamados "sirventis" ou "sirventois". Um poeta fidalgo, o cavaleiro Luc de la Barre, fez um "sirventois" tão pouco reverente contra Henrique I da Inglaterra, que este, em 1124, mandou arrancar-lhe os olhos.

[...]

Para a América do Sul e Central os gêneros emigraram. É o "corrido" em Venezuela, Colômbia e Bolívia, espécie de "rimance" e também, às vezes, tomando formas de desafio, familiar a meia América, *el poema narrativo de andanzas lleneras*, como o batizou Rufino Blanco Fombona; a "pallada" do Chile, a "payada" de Argentina e Uruguai. A "payada de contrapunto" é justamente o nosso desafio. É o brasão senhorial dos "payadores". Já Martin Fierro ensinava:

A un cantor le llaman bueno
cuando es mejor que los piores;
y sin ser de los mejores,
encontrándose dos juntos,
es deber de los cantores
el cantar de contrapunto.

[...]

A glória do cantador está no desafio. O melhor sucesso é o número de vencidos, arrebatados no turbilhão dos versos sarcásticos e atordoantes.

Numas quadrinhas velhíssimas, cantadas indistintamente nas lutas, um recém-nascido enfrentava improvisadores no mesmo dia em que viera ao Mundo:

Chegou meu pai, perguntando
Muié, cadê nosso fio?
Está sentado no banco
Cantando desafio!...

Outros emprestam ao gênero efeitos surpreendentes e mirabolantes:

Eu cantando desafio
Puxando prima e burdão,
Faço boi subir nas nuvens
E cobra dar tropeção.
Capa-Verde dizer Missa
E o Fute fazer sermão.

[...]

Rodrigues Lobo, na "Écloga contra o desprezo das boas artes" (Lisboa, 1605, ed. Pedro Craesbeeck) menciona, em vários pontos, o desafio, com direito a prêmios de gado:

Bieto:
E d'onde houve aquela rês,
Que ele poucas vacas cria?
Aleixo:
Ganhou-a numa porfia
Nas festas, que Ergasto fez,

Houve então grão desafio
Em luta, canto, e louvores,
Venceu todos os pastores
Da serra, e d'além do rio.

O desafio, porfia ou disputa, aparecia nas feiras, rodeado de gente curiosa. Na mesma "Écloga":

Fui domingo a ver a luta,
E outros com grande alvoroço;
Vim encantado d'um moço,
Que ali cantava em disputa.

Dos pastores mais gabados
Tinha à roda mais de mil,
Que ao som do seu rabil
Estavam como enlevados.

O rabil ou arrabil, do árabe *ar-rabed*, tinha duas cordas e depois, na Idade Média, ganhou mais uma. É a rabeca em sua forma primitiva. O desafio mantém, através dos séculos, a continuidade do gênero e mesmo de um dos dois instrumentos acompanhadores.

[...]

O que existe no sertão, evidentemente, nos veio pela colonização portuguesa e foi modificado para melhor. Aqui tomou aspectos novos, desdobrou os gêneros poéticos, barbarizou-se, ficando mais áspero, agressivo e viril, mas o fio vinculador é lusitano, peninsular, europeu.

Maiores detalhes sobre o tema deste capítulo, com exemplos e citação de fontes, você encontra em *Vaqueiros e cantadores* (São Paulo; Global Editora), nas páginas 185 a 192.

Os Instrumentos

O mais antigo instrumento do cantador sertanejo devia ter sido a viola.
[...]
Nos desafios sertanejos os instrumentos únicos são a viola e a rabeca.

Nenhum instrumento de sopro ou de percussão é tolerado. Os maracás ou ganzás são ritmadores dos "cocos" praianos ou dos arredores da cidade. As "emboladas" são relativamente novas e pertencem a um gênero que ainda não conquistou adeptos sertanejos. Seu domínio é o engenho de cana, a fazenda do agreste, a praia ensombrada de coqueiros.

O folclorista cearense Leonardo Mota ao centro, tendo à esquerda Sinfrônio (viola) e à direita o cego Aderaldo (rabeca). A posição dos instrumentos é clássica entre os cantadores.

Cada violeiro vitorioso amarrava uma fita nas cravelhas do instrumento. Era um emblema de glória e ele narrava, pela ação de presença, a história dos embates ilustres. Cada cantador de outrora dizia, sem vacilar, a origem de cada fita que voava, desbotada e triste, amarrada na viola encardida.

Uma viola assim enfeitada era o sonho de todos os bardos analfabetos. Depois, dizem, alguns cantadores mais "modernos" deram na mania de comprar fita e enrolar na viola como sinal de vitória. Cada viola ficou mais cheia de fita que Santa Cruz de promessas. O abuso desmoralizou a tradição. Mesmo assim, viola de cantador afamado sempre tem um lacinho e uma história bonita de luta e de sucesso...

[...]

Para a cantoria a viola satisfaz as pequeninas exigências melódicas. Só lhe pedem, nos solos, alguns compassos. Ainda hoje no Minho, a viola chuleira, tristurenta e doce, acompanha bailaricos e prendas. No Brasil é o instrumento de maior área de influência. Indispensável no Nordeste e Norte, é igualmente a inseparável do gaúcho no Rio Grande do Sul, do mineiro, do fluminense, do goiano e mato-grossense.

É o supremo auxílio material dos cantadores. Claudino Roseira confessa:

> Melquide eu já fiz estudo
> Mas não prestei atenção,
> Por viver muito ocupado
> Com a viola na mão,
> Cantando de feira em feira
> A fim de ganhar o pão.

Josué Romano adianta:

> As vez, o jeito que eu tenho
> É cantar com quem não presta...
> Isso muito me arripuna,
> Mas a minha vida é esta:
> Bater o baião de viola
> E ganhar dinheiro em festa.

Outros cantadores afirmam que:

O pau que canta é viola,
Pau com dois ss é rebeca.

O negro Azulão declamava:

Eu sou caboclo de guerra
C'uma viola na mão!

No cancioneiro de Goiás e Mato Grosso as quadrinhas falam abundantemente na viola:

A viola tem cinco cordas
cinco cordas, mais não tem.
Em cinco infernos se veja
Quem me apartou de meu bem.

Vou comprar uma viola
Com vinte e cinco burdões,
Para ver se assim distraio
As tuas ingratidões.

A viola me pediu
Que queria descansar,
Desaforo de viola
De querer me governar.

A viola sem a prima
A prima sem o burdão,
Parece filha sem pai,
No poder de seu irmão.

A viola sem a prima
Sem a toeira do meio,
Parece moça bonita
Casada com homem feio.

Aprendi tocar viola
Para o meu distraimento.
Mas saiu pelo contrário;
Redobrou meu sofrimento.

Não é menor o contingente nordestino. Quadras recolhidas pelo Dr.
Rodrigues de Carvalho:

Minha viola de pinho,
meu instrumento real,
As cordas são estrangeiras
E o pinho de Portugal.

Minha viola de pinho
Tem boca para falar;
Se ela tivesse olhos
Me ajudaria a chorar.

Minha viola de pinho
Ninguém há-de pôr-lhe a mão,
Sinão a minha cunhada,
A mulher do meu irmão.

Nesta viola do norte
A prima disse ao burdão:
O rapaz que está dançando
Veio lá do meu sertão.

Nesta viola de pinho,
Cantam dois canários dentro,
Não pode ter bom juízo
Quem tem vários pensamentos.

Antônio da Piraoca,
Raimundo do Lagamar,
Eu ronco junto à viola
No céu, na terra e no mar.

Preto Limão cantava:

Quando eu vim pra esse mundo
Truve uma sina pachola;
Foi tê, pra ganhá a vida,
Ciença e esta viola...

No desafio de Francisco Romano, Romano do Teixeira, com Manuel Carneiro, em Pindoba, Pernambuco, há uma quadra deste:

Posso morrer na pobreza,
Me acabar pedindo esmola,
Mas Deus me deu, pra passar,
Ciência e esta viola!...

Quem quiser ser bem querido
Aprenda a tocar viola
Vista camisa lavada,
Seja preguiçoso embora.
(*rec. por Pereira da Costa*)

Francisco das Chagas Batista, tão familiarizado com os cantadores, afirma que o autor do desafio Romano-Carneiro foi Germano da Lagoa, que o escreveu e cantava, dando-o como real entre os dois famosos improvisadores.

O outro instrumento tradicional, a rabeca, e rebeca também, possui seus elogios. Deve ter vindo posteriormente à viola porque esta já é mencionada nos cronistas coloniais. O cego Sinfrônio Pedro Martins fez a louvação de sua companheira fiel:

Esta minha rebequinha
É meus pés e minhas mão
Minha foice e meu machado,
É meu mío e meu fejão,
É minha planta de fumo,
Minha safra de algodão!

[...]

No encontro de José Pretinho do Tucum com o cego Aderaldo, narrado por este, lê-se:

Ele tirou a viola
Dum saco novo de chita,
e cuja viola estava
toda enfeitada de fita.
Ouvi as moças dizendo:
Grande viola bonita!...

Eu tirei a rebequinha
dum pobre saco de meia,
Um pouco desconfiado
por estar na terra alheia,
e umas moças disseram:
Meu Deus! Que rebeca feia!...

Maiores detalhes sobre o tema deste capítulo, com exemplos e citação de fontes, você encontra em *Vaqueiros e cantadores* (São Paulo; Global Editora), nas páginas 192 a 200.

Canto e acompanhamento

Na "cantoria" não há acompanhamento musical durante a solfa. Os instrumentos executam pequeninos trechos, antes e depois do canto. São reminiscências dos prelúdios e poslúdios com que os Rapsodos gregos desviavam a monotonia das longas histórias cantadas?

O trecho tocado é rápido e sempre em ritmo diverso do que foi usado no canto. A disparidade estabelece um interesse maior, despertando atenções e preparando o ambiente para a continuação. A música tem outra finalidade. É o tempo de espera para o outro cantador armar os primeiros versos da resposta improvisada. No desafio, no canto dos romances tradicionais, na cantoria sertaneja enfim, não há acompanhamento durante a emissão da voz humana.

Maiores detalhes sobre o tema deste capítulo, com exemplos e citação de fontes, você encontra em *Vaqueiros e cantadores* (São Paulo; Global Editora), nas páginas 200 a 207.

Os temas

O início do desafio depende do maior ou menor conhecimento que o cantador tenha de seu companheiro. Se ambos são celerados e o auditório se estreita para ouvi-los ansiosamente, trocam saudações irônicas anunciando derrota e detalhando a glória pessoal.

O cantador "*letrado*" é aquele que sabe ler e tem de cor o dicionário da fábula, resumos de figuras mitológicas, o Lunário Perpétuo com suas explicações sobre ventos, nuvens, fenômenos meteorológicos, a história de Carlos Magno e dos Doze Pares de França, denominações dos acidentes geográficos e divisão corográfica do Brasil, História Sagrada, compreendendo as principais passagens do Velho e do Novo Testamento.

Antigamente, criados nas velhas escolas paroquiais ou ouvintes das "santas missões", os cantadores subiam a disputas emaranhadas e hoje atordoantes, sobre os Novíssimos do Homem, Penitências, os sete pecados mortais, mandamentos da Igreja. Eram todos católicos estridentemente defensores da sua Igreja, inimigos figadais da Nova Seita (Protestante) que eles emparelhavam com as mais detestadas entidades, o Fiscal, o Inspetor de Consumo, o Polícia da feira.

A memória dos cantadores é, nalguns casos, de surpreendente precisão. Horas e horas, no ritmo das *colcheias* ou no estalão dos *martelos*, respondem e perguntam. Nos melhores cantadores as perguntas são verdadeiras charadas, interrogações capciosas, sentidos falsos, deliciosamente respondidos e desfeitos nos segundos das arremetidas. Nos cantadores modernos o estro, inferior e mais erudito, liga-se exibindo "ciência" a uma monótona declamação de cabos, baías, rios, Estados, municípios, nomes de deuses e deusas gregas, divisões da geografia, etc. Saindo desse terreno o cantador, consciente ou não, canta versos que pertenceram aos gigantes de outrora, Inácio da Catingueira, Romano, Ugolino do Teixeira, Bernardo Nogueira, etc. É um patrimônio comum, uma base que se estende para todas as alianças e a todos socorre. Os nomes dos grandes cantadores desaparecidos ficam no espírito popular e muitos violeiros se dizem parentes, filhos, netos, sobrinhos, como articulando a habilidade poética na fonte prestigiosa do batalhador levado pela Morte.

Raramente, no tempo passado, um cantador citava, no vivo da peleja, a família do outro companheiro. Insultando ferozmente, respeitava-lhe o lar. A briga de Manuel Caetano com Manuel Cabeceira, quando se enfrentaram em Chã de Moreno, terminou pelo vitupério e, pela sua inusitada presença no populário, ficou famosa como exemplo de agressão. Mas os dois companheiros, serenados pelo dono da casa, ficaram amigos e nunca cantaram desafio senão com tácita ressalva.

O conhecimento da Mitologia e da Geografia elevava o cantador a uma fama invencível. Os irresistíveis violeiros como Inácio da Catingueira, negro escravo analfabeto, não podiam competir quando seu antagonista começava a falar em Amaltéa, Cibele e Baco. Ficavam injustamente vencidos. Fossem combatidos com as armas forjadas pelas próprias inteligências e outro seria o resultado. Na célebre luta de Francisco Romano com Inácio da Catingueira, o formidável negro não soube responder ao "grande Romano" quando este, desalojado de vários redutos, recorreu aos nomes mitológicos.

Inácio:

> Eu bem sei que seu Romano
> Está na fama dos anéis;
> Canta um ano, canta dois,
> Canta seis, sete, oito e dez:
> Mas o nó que der com as mãos
> Eu desato com os pés.

Romano:

> Íris, Vulcano, Netuno,
> Minerva, Diana, Juno,
> Anfitrite, Androquéa,
> Vênus, Clemente, Amaltéa
> Plutão, Mercúrio, Tezeu

Júpiter, Zoilo, Perseu,
Apolo, Ceres, Pandora;
Inácio, desata agora
O nó que Romano deu!...

Inácio:

Seu Romano, deste jeito
Eu não posso acompanhá-lo;
Se desse um nó em martelo
Viria eu desatá-lo;
Mas como foi em ciência
Cante só que eu me calo.

[...]

Os cantadores de meio século passado sabiam melhor a História Sagrada, a Mitologia, mas toda perícia estava nas perguntas fulminantes, enunciadas com entono e ripostadas num ímpeto que desnorteia lembrar que estavam improvisando.

O final dos desafios é a cansaço dos contendores, a saída dos convidados meio-mortos de sono. Há tempos velhos os cantadores iam às vias de fato mas hoje não há perigo. Entende-se bem o financiador e eles terminam cantando juntos, verso a verso, louvações à natureza, aos presentes, ao dono da casa ou, a pedido de algum entendido, repetindo as cantorias dos inesquecíveis cantadores que deixaram fama.

Uma tradição que reaparece nos cantadores sertanejos é a citação dos "marcos", "fortes", "lagoas", "castelos", obras irriçadas de dificuldades, alçapões, ferros, bichos ferozes, marimbondos, venenos, explosões, gigantes antropófagos, serpentes infinitas, raios, trovoadas, represas que se abrem ao contato de mãos estranhas, subterrâneos povoados de mistérios. Cada cantador construiu seu "marco" ou seu "castelo", seu "forte" ou sua "lagoa" e o descreve minuciosamente ao adversário, multiplicando os óbices semeados. O contendor, sem mudar o ritmo do canto, é obrigado a ir abatendo aquela construção ciclópica, matando feras e desviando rios, destroçando gigantes e achatando montanhas, erguidas ao aceno do poeta analfabeto.

São evidentes reminiscências dos castelos de amor (*Minneburg*), palácios imaginários povoados por mulheres que se defendiam jogando rosas. A ideia do cantador criar sua fortaleza em estilo feudal, lembra que a memória inconsciente lhe trouxe os velhos artifícios de seus ancestrais.

Ficaram famosas as construções antigas de alguns cantadores. O "forte" de Ugolino, a Lagoa de Germano.

Lembro o "castelo" de Josué Romano, citado em luta com Manuel Serrador, e que foi registado por Leonardo Mota:

A parede da muralha
Tem cem metros de largura,
Também tem um alicerce
Com bem trinta de fundura,
E do nível para cima
Mais duma légua de altura.

Eu chego lá c'uma broca,
Furo a parede no centro,
Abro cinco, seis buracos,
Boto dinamite dentro,
Toco fogo, avoa o muro,
Por que razão eu não entro?

Inda que tu faças isso,
Fica coisa na muchila;
Tem uma cobra medonha,
Tem também um cão de fila
Qu'é ver um destacamento
Na defesa de uma vila.

Pra tudo que lá tiveres
Tenho trabalho de sobra:
Boto bola no cachorro,
Bato o cacete na cobra,
Derrubo-te a fortaleza,
Escangalho a tua obra.

Inda que tu faças isso,
Não fica o forte deserto:
Lá tem um braço de mar,
Tem também um rio perto;
Lá você morre afogado,
Porque o cerco eu aperto.
Do rio eu faço um açude,

Faço uma ponte no mar,
Deixo tudo realengo
Para quem quiser passar...
No lugar onde eu habito
Tudo pode transitar.

Inda que tu faças isso,
Inda tem outro perigo:
É uma tribo de caboclos,
É um vulcão muito antigo,
É um grupo de cangaceiros
Qu'é um perigoso inimigo.

Os teus caboclos eu expulso,
Entupo o vulcão de terra;
Pro grupo de cangaceiros
Trago dois canhões de guerra,
Que só de um tiro que eu der
Derribo duas, três serra...

Manuel Caetano, na peleja com Manuel Cabeceira, também recorreu ao antigo molde:

Então eu vou dar um pau
Para você se atrepá,
No tronco eu boto uma onça,
No meio um maracajá,
Em cada galho um inxu
E no olho um arapuá...

Eu passo fogo na onça
E derrubo o maracajá,
Chamusco os inxus a facho,
E queimo o arapuá;
Deixo o pau limpo, indefeso,
Pra você nele trepá...

Naturalmente eram temas longamente explorados, os defeitos físicos, a cor da pele, negros, cabras, lendas a respeito de cada um: vício de beber, jogar, andar armado, brigar, ficar devendo, etc. A documentação poética é variada e rica em qualquer desses motivos.

Os negros então, muitos saídos da escravidão ou ainda escravos, eram duramente alvejados nos desafios e respondiam com maravilhosa agilidade mental, aparando os golpes e dando outros de não menor eficácia.

De um modo geral poder-se-á dizer que os antigos desafios tinham mais imaginação e os modernos maior cópia de dados, recursos de memória e de conhecimentos de acesso impossível para os velhos cantadores de antanho. Menos interessantes, apesar da "Ciência".

Maiores detalhes sobre o tema deste capítulo, com exemplos e citação de fontes, você encontra em *Vaqueiros e cantadores* (São Paulo; Global Editora), nas páginas 207 a 211.

Convite e apresentação

A povoação, vila ou arruado onde mora um cantador é a região de seu domínio absoluto. Cantar sem sua permissão é desafiá-lo mortalmente. Como um guarda fiel acode e a luta se inicia violenta. O auditório aparece e os níqueis vão caindo nos pires humildes. Cantam horas e horas, à viola, bebendo, ora um ora outro, goles de aguardente.

Essa invasão é rara. Outrora os cantadores afamados costumavam ir desafiar os adversários em seu próprio terreiro, suprema afronta. Manuel Cabeceira, norte-rio-grandense, cantador famoso, cantava na Fazenda da "Pedra d'Água", Paraíba, quando foi informado pelo Capitão João de Melo, de Chã do Moreno, sua residência habitual, que o cantador Manuel Caetano estava cantando, ousadamente, como se fosse em terra sem dono. Ao despedir-se de Pedra d'Água, Cabeceira afirmou:

> O Moreno está tomado
> Eu volto e vou defendê
> Mas se eu apanhar do negro,
> Dez anos ninguém me vê....

Acompanhado por um grupo de admiradores, o poeta galopou até Moreno. Caetano cantava, cercado de povo. Ouvindo o tropel dos cavalos, sabendo que o antagonista fora avisado de sua presença, perguntou no mesmo ritmo em que estava cantando:

> Deus vos guarde, meus senhores,
> Que eu estou cantando bem;
> Quem é o Manuel Cabeceira,

Dos cavaleiros que vêm?
Pode ser cantor de fama,
Mas, pra mim não é ninguém!

Cabeceira, descendo do cavalo, no mesmo tom, levantou a luva para um embate que durou horas e horas:

Negro Manuel Caetano
Focinho de papavento,
Tanto eu tenho de vermelho
Como tu tens de cinzento:
Porque entraste em Moreno
Sem o meu consentimento?

Vezes outras o cantador, sem adversário, pede um antagonista. O dono da casa manda buscar, ou dele mesmo parte a iniciativa, de pôr os dois homens frente a frente. A literatura tradicional guarda célebres encontros em que o convidado narra comicamente seus preparativos e a entrada na batalha. Nesse caso o tratamento, na recepção, é cortês. Manuel Caetano foi convidado pelo mesmo Manuel Cabeceira para cantarem juntos num casamento. Caetano conta a história:

Diga a Manuel Cabeceira
Que eu lá não posso ir,
Que estou desfabricado,
Que não tenho o que vestir,
Mande um cavalo selado,
Liforme de gazimira
Pra Caetano poder ir.

Um cassuá de sabugo
Conduzi lá pro açude,
Quanto mais eu me esfregava,
Quando mais saía grude.
Passei um grande tormento,
Pois só me tinha lavado
No dia do nascimento.

Então calcei a botina
Depois de muito trabalho,
Botando o bico pra trás
A gravata na cintura,
E o relógio no pescoço,
Na mente qu'era chocalho
E saí por acolá afora,
Abanando os arovalho,
E agora acabei de crer
Qu'é assim que os homens faz.

Amontei no meu cavalo
A galope, na carreira,
Fui acudir ao chamado
De seu Manuel Cabeceira.
E quando avistei a casa,
Que apeei-me no terreiro,
Antes de apertar-me a mão
Deu-me um abraço primeiro...
Entramos de braço dado
Como bem dois pareceiros...

Quando Zefinha do Chabocão mandou chamar Jerônimo do Junqueiro
este descreveu a indumentária, a chegada e a primeira impressão da inimi-
ga ilustre:

Nesse tempo eu era limpo,
Metido um tanto a pimpão,
Vesti-me todo de preto,
Calcei um par de calção,
Botei chapéu na cabeça
E um chapéu de sol na mão;
Calcei os meus bruziguim,
Ajeitei meu correntão,
Nos dedos da mão direita
levava seis anelão,
Três meus e três emprestados;
Ia nesta condição...

122

Quando eu cheguei no terreiro
Um moço vei me falá:
"Cidadão, se desapeie,
Venha logo se abancá.
Faz favô de entrar para dentro,
Tome um copo de aluá".

Me assentei perante o povo
(parecia uma sessão)
Quando me saiu Zefinha
Com grande preparação:
Era baixa, grossa e alva,
Bonita até de feição;
Cheia, de laço de fita,
Trencelim, colar, cordão;
Nos dedos da mão direita
Não sei quantos anelão...
Vinha tão perfeitazinha,
Bonitinha como o cão!
Para confeito da obra:
Uma viola na mão!

Ainda há o encontro fortuito. Cantadores não profissionais viajam comprando e vendendo; outros vivem da venda dos folhetos de versos, nas feiras. Antônio Batista Guedes foi à Santa Luzia avistar Germano da Lagoa. Os primeiros golpes trocados são palacianos. Depois é que a guerra começou:

1

Germano cumprimentou-me
Com muita solicitude,
Dizendo: "Senhor Batista,
Deus lhe dê boa saúde;
Tenho o prazer de consigo
Cantar hoje. Que virtude!"

2

Obrigado, senhor Germano,
Aceite também os meus

Votos de felicidade
E saúde, na paz de Deus;
É isso o que lhe desejo,
A si e a todos os seus.

3

Amigo Antônio Batista,
O senhor que veio ver?
Aqui na minha ribeira,
Veio comprar ou vender?
E se vem desafiar-me
Faça favor me dizer.

4

Germano, eu venho aqui
Só pela necessidade
Que tinha de conhecê-lo,
Lhe digo com lealdade:
Eu venho vender cantigas
Pra comprar amizade.

Noutras circunstâncias o cantador procura o outro deliberadamente e anuncia seu propósito de combate. João Benedito, dos brejos paraibanos, foi visitar Antônio Corrêa Bastos, carpinteiro-cantador, e trocaram logo tiros de pontaria:

1

Senhor João Benedito
Que veio ver neste lugar?
Foi iludido por alguém?
Ou foi por pouco pensar?
Está desgostoso da vida
E quer mesmo se acabar?

2

Vim porque tive notícia
Que eras bom cantador;
E que aqui na capital

Estavas sem competidor;
Quero ter disso a certeza
E te mostrar meu valor!....

O início do desafio, ou logo a seguir, implica na apresentação dos combatentes. Cada um apregoa as excelências do outro e as miraculosas capacidades pessoais. Nenhum cancioneiro possuirá documentos de tão alta poesia imaginativa, fantástica e crédula, ingênua e insolente, exagerada e pueril.

Assim se confessam os velhos cantadores do sertão nordestino, de Pernambuco ao Ceará, as vozes mais gloriosas que a Morte não conseguiu emudecer na admiração sertaneja de quatro Estados.

João Martins de Ataíde:

Valente não teme a luta,
Enchente não teme o rio,
Machado não teme o pau,
Touro não teme o novio...
Violão não teme a prima,
Poeta não teme a rima,
Nem eu temo desafio...

Sou Veríssimo do Teixeira,
Fura-pau, fura-tijolo,
Se mando a mão, vejo a queda
Se mando o pé, vejo o rolo...
Na ponta da língua trago
Noventa mil desaforo!...

Sou Jerônimo do Junqueiro,
De fala branda e macia,
Pisa no chão devagar
Que folha seca não chia...
Assubo de pau arriba
E desço pela furquia...

Sou Romano da Mãe d'Água,
Mato com porva soturna,
Para ganhar inleição
Não meto a chapa da urna.
Salto da ponta da pedra
E pego a onça na furna.

Eu sou Claudino Roseira,
Aquele cantor eleito,
Conversa de Presidente,
Barba de Juiz de Direito;
Honra de mulher casada,
Só faço verso bem feito.

Sou Inácio da Catingueira,
Aparador de catombos;
Dou três tapas, são três quedas,
Dou três tiros, são três rombos.
Negro velho cachaceiro,
Bebo, mas não dou um tombo.

Eu sou Pedro Ventania,
Morador lá nas "Gangorras",
Se me vires, não te assustes;
Se ti assustares, não corras,
Se correres, não te assombres,
Se ti assombrares, não morras!

Quem canta com Azulão
Se arrisca a perder diploma!
Seja duro que nem ferro,
Fica que parece goma...
Não tem santo que dê jeito,
Nem mesmo o Papa de Roma!

Josué Romano:

Eu já suspendi um raio
E fiz o vento parar.
Já fiz estrela correr,

Já fiz sol quente esfriar.
Já segurei uma onça
Para um muleque mamar!...

Zé Maria quando canta
A terra joga e estremece,
É mesmo que dois curiscos,
Quando um assobe, o outro desce.

Com respeito a cantoria
Mané Joaquim do Muquem,
Faz galinha pisar milho
E pinto cessar xerém
Mas nas unhas cá do Neco
Nunca se arrumou bem.

Já ouviram falar
Em Zé Antônio da Cauã?
Que mata cabra de noite
Para almoçar de manhã?

Que faz chocalho de cera
Bota badalo de lã?
Que ronca embaixo na grota
Se ouve em cima na chã?
Isso tudo são destrezas
De Zé Antônio da Cauã...

João Pedra Azul:

Digo com soberba e tudo:
Sou filho do Bom Jardim,
Inda não nasceu no mundo
Cantador pra dar em mim;
Se nasceu, não se criou,
Se se criou, levou fim...

O cantar de Serrador
É pra quem Deus é servido!
Faz as muié descasadas
Precurá os seus maridos.
E até véio de cem ano...
Fica moço e infuluído.

Preto limão quando canta
Até os paus se balança,
Chora meninos e velhos
Soluça toda criança.

Fabião das Queimadas:

Comecei a divirtir
Derna de pequenininho.
Fabião quando diverte
Diz: – Alegra os passarinho...
Morrendo o Fabião véio
Fica o Fabiãozinho...

Esse autoelogio não tem lugar fixo no desafio. É indispensável e regular mas aparece no começo, em meios, nos momentos de mais aceso embate ou nos finais. Sua ausência é que é impossível. Faz parte intrínseca da própria técnica. É uma fase que propicia elementos curiosos para a classificação desses aedos de chapéu de couro.

Maiores detalhes sobre o tema deste capítulo, com exemplos e citação de fontes, você encontra em *Vaqueiros e cantadores* (São Paulo; Global Editora), nas páginas 212 a 216.

Perguntas e respostas

Nos velhos "cancioneros" castelhanos o desafio aparece com o nome de "Preguntas y Respuestas". É razão lógica da minha divisão.

No desafio um trecho regular e curiosíssimo é a série de perguntas e respostas trocadas no ímpeto das improvisações. Possivelmente a percentagem da improvisação é menor do que pensamos. Os cantadores têm processos pessoais de mnemotécnica e guardam centenas e centenas de versos felizes para aplicação oportuna. Não dizem o verso inteiro mas incluem duas ou três linhas, ou as imagens, no trabalho individual, dando a impressão de obra original. Como seria de esperar, há um fundo documental extenso que aluda a todos os filiados. São reminiscências de velhos desafios, quadrilhas, sentenças das folhinhas do ano, pilhérias ouvidas, "causos" humorísticos. Tudo vem para a fornalha na hora do fogo.

As perguntas e respostas medem o valor dos antagonistas.

Carneiro e Romano:

1

Romano, num pingo d'água
Eu quero ver se te afundo:
Diga lá em quatro pés
As coisas leves do mundo.

2

Sendo coisa aqui na terra,
Pena, papel, algodão...
Sendo coisa do outro mundo,
Alma, fantasma e visão...

Perguntas e respostas de Zefinha do Chabocão com Jerônimo do Junqueiro:

1

É isso mesmo, Gerome,
O senhor sabe cantá;
Qual foi o bruto no mundo
Que aprendeu a falá,
Morreu chamando Jesus
Mas não pôde se salvá?

2

Isso nunca foi pergunta
Pra ninguém me perguntá:
Foi o Papagaio dum véio
Qu'ele ensinou a falá;
Morreu chamando Jesus
Mas não pôde se salvá...

3

Gerome, tu pra cantá
Fizestes pauta c'o cão...
Qual é o passo que tem
Nos atos do teu sertão,
Que dança só enrolado
E solto não dança não,
Dança uma dança firmada
C'um pé sentado no chão?

4

Zefinha, eu lhe digo o passo
Que tem lá no meu sertão,
Que dança só enrolado
E solto não dança não,
Dança uma dança firmada,

C'um pé sentado no chão:
É folguedo de menino,
É carrapeta ou pinhão!

5

Se você é cantador,
Se você sabe cantá,
Me responda num repente
Se pedra fulorará?

6

Se pedra fulolará
Eu lhe digo num repente:
Ao depois de Deus querê,
Fulóra e bota semente...

De Inácio da Catingueira com Romano:

1

Inaço, tu tem cabeça
Porém juízo não tem:
Um gigante nos meus braço
Aperto, não é ninguém!
Aperto um dobrão nos dedo
Faço virá um vintém...

2

Tem coisa que dá vontade
Meter-me na vida aleia:
Quem mata assim tanta gente
Inda não foi pra cadeia!
Pegá um gigante à mão
E não ficá c'o a mão cheia!
Rebentá dobrão nos dedo
E não quebrá uma veia:
Esse dobrão é de cera,
Esse gigante é de areia!...

De Maria Tebana com Manuel do Riachão:

1

Vou fazê-lhe uma pergunta
Pra você me distrinchá,
Quero que me diga a conta
Dos peixes que tem no má...

2

Você vá cercá o má
Com moeda de vintém,
Eu então lhe digo a conta
Dos peixes que nele tem...
Se você nunca cercá,
Nunca eu lhe digo também!...

3

Pois agora me responda,
Nego Manuel Riachão,
Que é que não tem mão nem pé,
Não tem pena nem canhão,
Não tem figo, não tem bofe,
Nem vida nem coração,
Mas, eu querendo, ele avoa,
Trinta palmo alto do chão?

4

O que não tem mão nem pé,
Não tem pena nem canhão,
Não tem figo, não tem bofe,
Nem vida nem coração,
É um brinquedinho besta,
De menino é vadiação:
É um papagaio de papel
Enfiado num cordão...

De Chica Barrosa com José Bandeira:

1

Sim-sinhô, seu Zé Bandeira,
Já vejo que sabe lê:
Pelo ponto que eu tô vendo
Inda é capaz de dizer
O que é que neste mundo
O home vê e Deus não vê?

2

Barroza, os teus ameaço
Eu não troco pelos meus;
O home vê outro home
Mas Deus não vê outro Deus.

Ainda Tebana e Riachão:

1

Senhor Manuel do Riachão,
que comigo vem cantar,
o que é que os olhos veem
que a mão não pode pegar,
depressinha me responda,
ligeiro, sem maginar...

2

Você, Maria Tebana,
Com, isso não me embaraça,
Pois é o Sol e é a Lua,
Estrela, fogo e fumaça,
Eu ligeiro lhe respondo,
se tem mais pergunta, faça...

3

Seu Manuel do Riachão,
torno outra vez perguntá:
Quatrocentos bois correndo,

quantos rastos deixará?
Tire a conta, dê-me a prova,
depressa, pra eu somar...

4

Bebendo numa bebida,
Comendo tudo num pasto,
Dormindo numa malhada,
São mil e seiscentos rasto.
Some a conta, tire a prova,
Que deste ponto não fasto...

5

Leão sem ser de cabelo,
Cama sem ser de deitá,
De todos os bichos do mato,
Entre todos, o que será?
Depressa você me diga
sem a ninguém perguntar..

6.

Você, Maria Tebana,
Nisto não me dá lição;
Pois é um bicho escamento,
Chamado Camaleão,
Que sempre vive trepado,
Poucas vezes vem ao chão.

De Madapolão com Bemtivi (Antônio Rodrigues):

1

É verdade, Bemtivi,
que tu és bom cantadô,
mas é se tu me disseres
– a maré com quem casou?

2

A maré casou com o mangue,
O mangue casou com o cisco,
A mulher casou com o homem,
O homem com seu serviço...

3

É verdade, Bemtivi,
que o teu cantá tem talento,
mas é se tu me disseres
– o que se criou com o vento?

4

Este bicho é muito feio,
Tem um grande rabalhão,
Serra do rabo a cabeça,
se chama Camaleão!...
Mora nos olhos dos pau,
toma fresca no sertão!

[...]

Os cantadores norte-rio-grandenses João Zacarias e João Vieira, o primeiro "cabra" e o segundo negro, entre perguntas curiosas, tiveram estas, registadas pelo Dr. Rodrigues de Carvalho:

1

Oh Vieira! eu lhe peço
Me arresponda num momento;
Quero que você me diga
De que se gerou jumento?

2

Tu me perguntas, meu João,
De que se gerou jumento?
Foi de tua ruim cantiga,
Do teu mau procedimento.

As perguntas que o vate popular Laurindo Pereira, conhecido por Bernardo Cintura, fez a Leonardo Mota em Campina Grande (Paraíba) são curiosas. Evidentemente o improvisador ouviu-as em desafios:

1

Parença não é certeza...
Quero vê me responder:
Um sujeito que ande muito,
Indo um passeio fazer,
Saindo de madrugada,
Onde vai amanhecer?

2

Sendo ele muito ligeiro
E cabra esperto pra andar,
Saindo de madrugada,
Não vindo a fracatear,
Garanto qu'ele amanhece
Aonde o sol o encontrar...

3

Vontade também consola...
Faz favor de me dizer:
Em légua e meia de terra
Que capim poderá ter?
E em quantos cestos, medida,
Tal terra pode caber?

4

Em légua e meia de terra
Tem o capim que nasceu...
Se alguma coisa faltar,
Foi o que você comeu...
A terra só dá um cesto,
Sendo este cesto dos meu...

Bernardo Cintura recitou a "adevinhação" cuja resposta é Adão:

Um homem houve no mundo
Que sem ter culpa morreu,
Nasceu primeiro que o pai,
Sua mãe nunca nasceu,
Sua avó esteve virgem
Até que o neto morreu...

A avó é a terra cuja virgindade foi violada pela primeira sepultura. Essa adivinha é europeia e corrente na América espanhola.

[...]

No tradicionalíssimo romance "História da Donzela Teodora", sabido e cantado no velho sertão, hoje deturpado mas reconhecível em suas linhas mestras, lê-se:

Pergunta o sábio a ela:
Que homem foi que viveu
Porém nunca foi menino?

Este homem foi Adão
Foi feito já homem grande,
Não nasceu. Deus o formou.
A Terra foi a Mãe dele
E nela se sepultou.

Existe mas não nasceu;
A mãe dele ficou virgem
Até quando o neto morreu?

Foi feita mas não nascida
Essa nobre criatura,
A terra era a mãe dele
Serviu-lhe de sepultura
Para Abel, o neto dela
Fez-se a primeira abertura.

Numa velha xácara que ouvi cantada na Fazenda "Logradouro", Augusto Severo, Rio Grande do Norte, havia estes dois versos:

Se você é cantador,
Se você sabe cantar,
Quero ver pegar o Vento,
Medir as águas do Mar...

Se você quer que eu pegue o Vento,
Pois mande ele parar...
E mande os rios secarem
Pra poder medir o Mar...

Num encontro de Germano da Lagoa com Joaquim Jaqueira, em Santa Luzia do Sabugi, Paraíba, o início da peleja denuncia a destreza dos dois menestréis:

Jaqueira, você me diga
O que é que anda fazendo
Aqui em Santa Luzia?
Anda comprando ou vendendo?
Anda dando ou apanhando?
Anda ganhando ou perdendo?

Seu Germano, eu já lhe digo
O que é que ando fazendo,
Aqui em Santa Luzia,
Nem comprando nem vendendo,
Nem dando nem apanhando,
Nem ganhando nem perdendo...

Na luta mais acesa os dois improvisadores trocaram uma saudação deliciosa de habilidade e graça cavalheiresca. Pedro Batista que recolheu algumas amostras de vários embates num estudo oportuno ("Atenas de Cantadores", Revista do Instituto Histórico e Geográfico Paraibano, v. 6, p. 28, Paraíba, 1928) indicou os dois versos:

O que eu disse do senhor
Vou lhe tirar do engano:
Se havia de eu querer ter
O poder de um Floriano,
Ou ter um par de botinas
Que durasse quinze ano...
Queria um par de alpercata
E conhecer seu Germano...

S'eu havia de querer ter
O poder de um Oliveira,
Ou ter um conto de réis
Para gastar numa feira,
Queria ter dois vintém
E conhecer Joaquim Jaqueira!

O Floriano cujo poder, assim como o Oliveira, é aludido como padrão, é o Marechal Floriano Peixoto. O Oliveira é apenas Oliveiros, o Par de França, companheiro de Roldão, figuras inseparáveis e inesquecíveis nos versos sertanejos. Ainda em julho de 1937, na festa de Nossa Senhora da Guia do Acari, um cego, tocando harmônica, agradeceu-me a esmola cantando:

DEUS lhe pague sua esmola
Que me deu de coração,
Lhe dê cavalo de sela,
E poder nessse sertão...
E lhe dê uma coragem
Como ELE deu a Roldão!...

Em João Martins de Ataíde, numa peleja de Laurindo Gato com Marcolino Cobra Verde em Patos, Paraíba, há esta pergunta e resposta com que findo a documentação viva desses encontros:

141

Laurindo:

Vou perguntar outra coisa,
e julgo que mal não faz,
se responder acredito
no teu talento, rapaz
O que a Mulher tem na frente
e o Homem carrega atrás?

Marcolino:

O que a Mulher tem na frente
Isto é muito singular,
Apenas a letra M,
que o Homem vai findar,
repare bem, com cuidado,
com certeza há de encontrar!

Maiores detalhes sobre o tema deste capítulo, com exemplos e citação de fontes, você encontra em *Vaqueiros e cantadores* (São Paulo; Global Editora), nas páginas 217 a 226.

Luís da Câmara Cascudo

Viveu sua longa vida no Rio Grande do Norte. Lá, e durante suas viagens, recolheu para todos nós uma imensa riqueza: as histórias tradicionais.

Contadas pelas vozes de gente de diferentes origens, essas histórias embalaram o sono e o susto de gerações ancestrais a perder de vista.

Com elas, as raízes da espécie humana: o que nós somos e o que podemos fazer com a força da imaginação. Além de registrar histórias ouvidas de pescadores, crias da casa, avós e crianças, Câmara Cascudo também pesquisou os caminhos que as histórias percorreram. Ele nos ensina que os caminhos das histórias são todos os caminhos do mundo.

Jô Oliveira

Pernambucano da ilha de Itamaracá, estudou Artes Gráficas na Escola de Belas Artes do Rio de Janeiro e Comunicação Visual na Hungria, onde permaneceu por seis anos. Publicou diversas histórias em quadrinhos no Brasil e no exterior e ilustrou mais de 35 livros para várias editoras, nacionais e estrangeiras. Produziu cinquenta selos postais para os Correios e Telégrafos, com os quais foi premiado inúmeras vezes no Brasil, e duas vezes ganhou o prêmio Asiago de melhor selo do mundo, na Itália. Suas ilustrações lhe renderam também vários prêmios, entre os quais o título de Mestre dos Quadrinhos, dado pelo HQ-MIX, de São Paulo, em 2004.

Obras de Luís da Câmara Cascudo
Publicadas pela Global Editora

Contos tradicionais do Brasil
Mouros, franceses e judeus
Made in Africa
Superstição no Brasil
Antologia do folclore brasileiro – v. 1
Antologia do folclore brasileiro – v. 2
Dicionário do folclore brasileiro
Lendas Brasileiras – uma pesquisa etnográfica
Geografia dos Mitos Brasileiros – uma pesquisa etnográfica
Jangada
Rede de dormir
História da alimentação no Brasil
História dos nossos gestos
Locuções tradicionais no Brasil
Civilização e cultura
Vaqueiros e cantadores
Literatura oral no Brasil
Prelúdio da cachaça
Canto de muro
Antologia da alimentação no Brasil
Coisas que o povo diz
Viajando o sertão
Câmara Cascudo e Mário de Andrade Religião – Cartas 1924-1944
Prelúdio e fuga do real
Religião no povo

Obras juvenis

Contos de animais
Contos de exemplo
Contos tradicionais do Brasil para jovens
Histórias de vaqueiros e cantadores para jovens
Lendas brasileiras para jovens
Vaqueiros e cantadores para jovens

Obras infantis

Contos de Encantamento

A princesa de Bambuluá
Couro de piolho
Maria Gomes
O marido da Mãe D'Água e A princesa e o gigante
O papagaio real

Contos Populares Divertidos

Facécias